Buon appetito!
Yutaka Arita
Akiko Nakayama
Casa Editrice ASAHI

ボナペティート！ －おいしいイタリア語、めしあがれ－ URL
（音声・その他）

https://text.asahipress.com/free/others/buonappetito/index.html

ネイティブチェック－Gabriella RANA
吹込み－Mattia PACI
Cinzia MINA
Salvatore CARLINO

はじめに

『ボナペティート！ –おいしいイタリア語、めしあがれ–』は、イタリア語の文法学習に便利な要素を各種盛り込んだ教科書を作成しようというコンセプトを出発点として、編纂するに至りました。語学教育を取り巻く現場は日進月歩であり、常に様々な理論やツールが生みだされ、実践されています。そのため、本書編纂の過程においても、まずは昨今の中学校、高等学校、大学などで使用されている様々な語学教材の研究を行うところからスタートし、参照した理論やテクニックを適宜取り入れましたので、少しでも日本のイタリア語教育のレベル向上に資する教科書に仕上がっていれば幸いです。

本書は12課（Lezione）からなっており、週1～2コマの授業で、セメスター制なら6課ずつ、トリメスター制なら4課ずつ、クォーター制なら3課ずつ学べるように調整しています。各課4ページで、1つの課は、《Dialogo》、《Vocaboli / Espressioni》、《Lettura》、《Cultura》、《Grammatica》、《Esercizi》、という6つの項目で構成されています。これらの項目を全て学ぶ必要はなく、多様な授業運営環境や学習者のニーズに合わせてピックアップしながら、お使いいただければと思います。

◆ **Dialogo（対話文）**は、4人の登場人物たちが展開する、簡単な会話です。前半はミラノでの生活、後半はイタリア国内をめぐる旅というストーリーにしました。キーフレーズが各課のタイトルになっており、その課で学ぶ主要な文法事項の説明の導入に繋げることができます。

◆ **Vocaboli / Espressioni（語彙／表現）**は、各課のキーフレーズの構文説明と、その発展型の構文を紹介しています。構文使用時に、入れ替えて使うことができる便利な語彙も含めています。

◆ **Lettura（読解）**は、週3コマのクラスや専門課程の授業において、簡単な講読テクストとして使用できます。分量的に全て読み切るのが難しい場合は、最初のパラグラフや、最初のフレーズだけ読んでみるなど、柔軟にご活用いただければ幸いです。

◆ **Cultura（文化）**は、イタリアの文化や都市について紹介しています。語学学習では、文法を頭に入れることはもちろん、学習中の言語が使用されている社会についても知っておくことが重要です。目を通すことで、イタリアという国をより身近に感じることができるでしょう。

◆ **Grammatica（文法）**は、イタリア語の初級文法を学ぶにあたって、無理のない分量の文法項目を含めています。付属のワークブックを活用し、学習者が自ら文法項目をまとめてみることで、自律的に予習・復習ができる仕組みになっています。

◆ **Esercizi（練習問題）**は、Grammatica で学んだ項目の修得度合いを測るための問題集です。確認のための問題集なので、シンプルかつわかりやすいものに仕上げています。また、リスニング能力を高めるために、簡単な聞き取り問題も含めています。

◆ **Appendice（補遺）**には、文法事項の補足、語彙／表現の補足、数詞のまとめが含まれています。学習時、必要に応じて参照してください。

本書が、学習者の方々にとって、イタリア語学習の第一歩を踏み出すための有益なツールとなることを願ってやみません。Speriamo che questo libro di testo sia utile per il vostro lavoro!

著者一同

目次

装丁・Dialogo イラスト — 明昌堂
Esercizi イラスト — メディア・アート

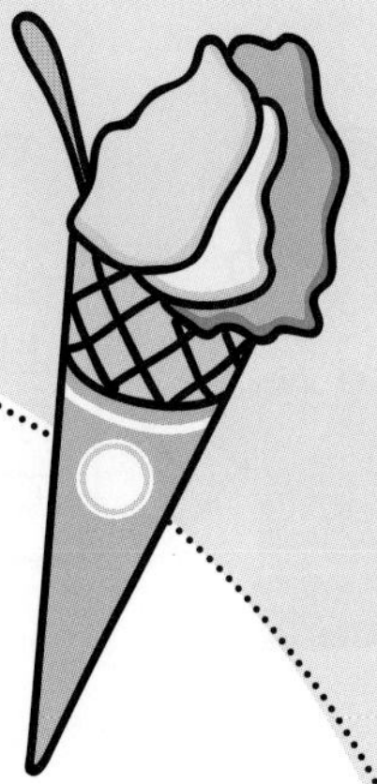

Buon appetito!

Lezione 0

Introduzione

本書の登場人物たちです。

Ren (cuoco)

イタリアンの料理人。京都出身の24歳。料理の腕を上げるため、イタリアへ修行に来た。食べ歩きが好きで、好奇心旺盛な性格。

Chiara (cuoca)

ミラノにある Trattoria Sol levante のキッチンスタッフ。ローマ出身の27歳。先輩料理人として、Ren にいろいろ教えてくれる。

Matteo (cameriere)

ミラノにある Trattoria Sol levante のホールスタッフ。トリノ出身の28歳。サッカー好きで、地元のチームの熱狂的ファン。

Luca (fratello di Chiara)

Chiara の弟。システムエンジニア。ローマ在住の25歳。日本好きで、いつか日本の車に乗りたいと思っている。

2 Vocaboli / Espressioni 0

Buon giorno!	おはよう！／こんにちは！	Arrivederci!	さようなら！
Buona sera!	こんばんは！	Grazie!	ありがとう！
Ciao!	やぁ！	Prego!	どういたしまして！
Piacere!	はじめまして！	Scusi! / Scusa!	すみません！

1	uno	6	sei
2	due	7	sette
3	tre	8	otto
4	quattro	9	nove
5	cinque	10	dieci

Esercizi 0

3

1 例にならって、イタリア語で自己紹介をしてみましょう。

Io mi chiamo Ren.
Sono giapponese.
Sono di Kyoto.
Piacere!

____

____

____

____

2 Ren と Chiara は、イタリア国内の都市をいくつか訪問します。以下の主要都市がどこにあるのかを調べ、地図に書き込みましょう。

Bologna	Firenze	Milano	Napoli
Palermo	Roma	Torino	Venezia

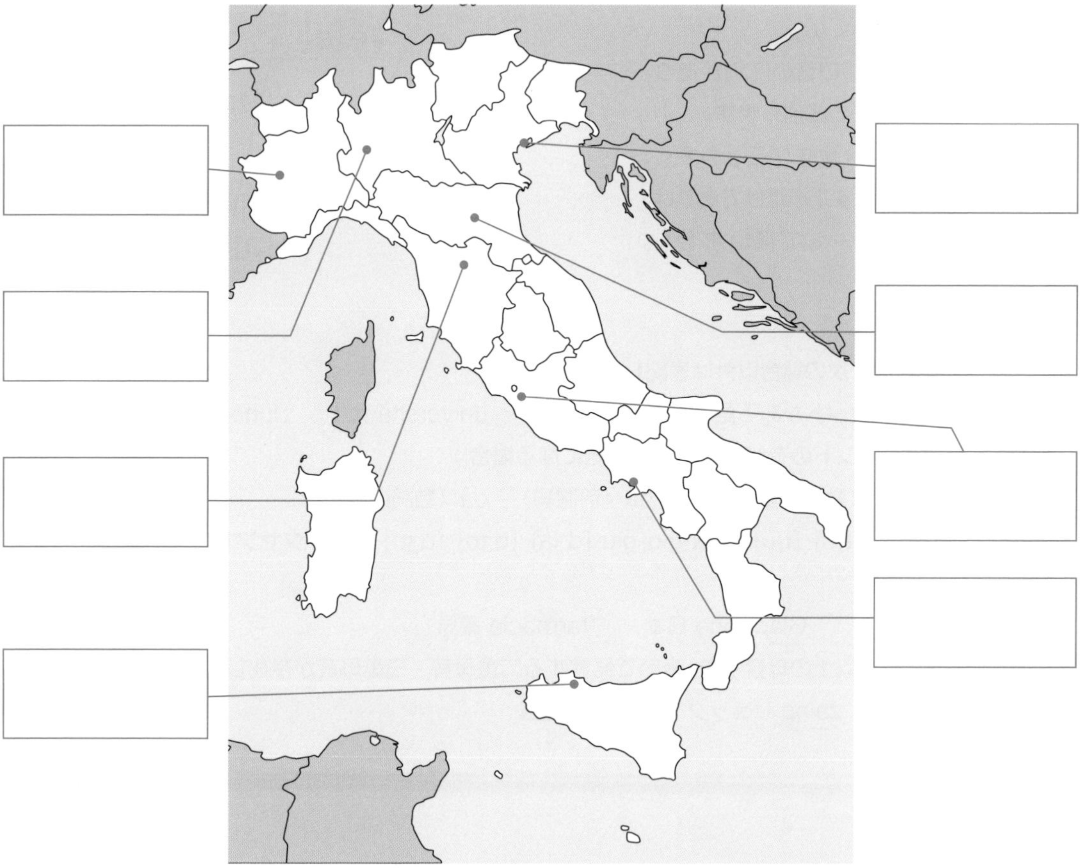

Grammatica

1 アルファベート

イタリア語で使用されるアルファベートは、21文字です。別途、外来語に使用される5文字があります。

A, a	[a]	H, h	[akka]	Q, q	[ku]
B, b	[bi]	I, i	[i]	R, r	[eʀʀe]
C, c	[tʃi]	L, l	[elle]	S, s	[esse]
D, d	[di]	M, m	[emme]	T, t	[ti]
E, e	[e]	N, n	[enne]	U, u	[u]
F, f	[effe]	O, o	[o]	V, v	[vu]
G, g	[dʒi]	P, p	[pi]	Z, z	[zeta]

J, j	[i.lungo]	W, w	[doppio.vu]	Y, y	[ipsilon]
K, k	[kappa]	X, x	[iks]		[i.greco]

2 発音と綴り字のルール

【母音】

イタリア語には、7種類の母音があります（母音字は5つ a, e, i, o, u）。
e と o には開口音と閉口音の区別があり、アクセント記号の向きで区別します。
ただし発音上の区別は曖昧なことも多く、アクセントの有無を示すためだけであれば、右下がりの記号に統一して構いません。
è・ò

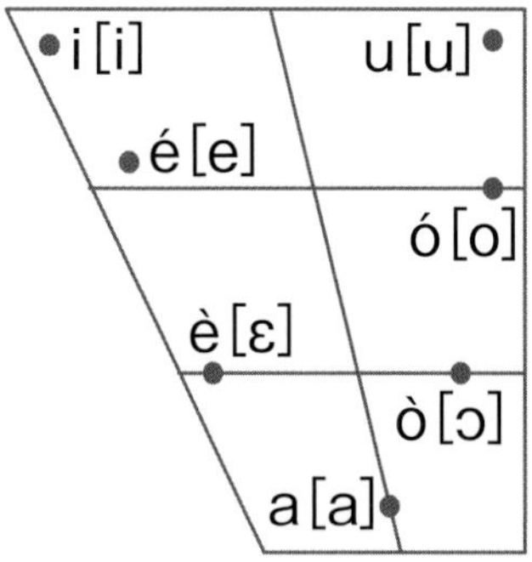

＊アクセント記号は、次の場合以外は表記しません。
最後の音節にアクセントがある語：caffè コーヒー　università 大学　lunedì 月曜日
1音節語で、アクセントの有無によって別の語になる場合：
e（接続詞）– è（動詞の変化形）　da（前置詞）– dà（動詞の変化形）

＊cia-cio-ciu [tʃa] [tʃo] [tʃu]、gia-gio-giu [dʒa] [dʒo] [dʒu] は、アクセントがない場合1音節で発音します。
arancia オレンジ　Giappone 日本　*farmacia 薬局

＊これ以外にも、2つ以上の母音字を1音節で発音する二重母音・三重母音が存在します。
cuoco シェフ　zaino リュック　studio 勉強

【子音】

＊子音は母音と組み合わせて特定の音を表します。一部の子音は、母音だけではなく子音を続けることもできます。

speranza 希望　calcio サッカー　Francia フランス

＊二重子音は非常に重要です。きちんと発音しないと別の単語になることも多いので、常に意識しましょう。

casa 家 – cassa レジ　sete 渇き – sette 7　pena 罰 – penna ペン

＊gn [ɲ]、gl [ʎ]、sc（+ i,e）[ʃ] の場合、綴り上は二重子音ではなくても、つまって発音するのが基本です（地域差があります）。

fascio 束　figlio 息子　bagno 浴室・お手洗い

＊以下の綴り字の発音はローマ字と異なるため、特に注意してください。

C	ca-co-cu, chi-che	[k]	cappuccino カプチーノ　maccheroni マカロニ
	cia-cio-ciu, ce-ci	[tʃ]	aceto 酢　cucina 台所
G	ga-go-gu, ghi-ghe	[g]	gamba 脚　spaghetti スパゲッティ
	gia-gio-giu, ge-gi	[dʒ]	gioco ゲーム　gente 人々
	gna-gno-gnu, gne-gni	[ɲ]	gnocchi ニョッキ　Spagna スペイン
	gli	[ʎ]	famiglia 家族　aglio ニンニク
H	ha-ho	[-]	hotel ホテル
Q	qua-que-qui-quo	[kw]	quaderno ノート　cinque 5
	qq → cq		acqua 水
S	scia-scio-sciu, sce-sci	[ʃ]	scienza 科学　sciarpa スカーフ
	s 清音	[s]	sole 太陽　studente 学生
	s 濁音	[z]	televisione テレビ　Svizzera スイス
Z	z 清音	[ts]	tazza ティーカップ　zio 伯父・叔父
	z 濁音	[dz]	mezzo 半分　zafferano サフラン

＊s / z の清音／濁音の区別については、地域差・個人差が見られます。

3 人称代名詞（主語）

6

主語として使う代名詞です。動詞の活用形で主語が示されるため、明記されない文もよく見られます。

	単数形		複数形	
1人称	io	私は	noi	私たちは
2人称	tu	君は（親称）	voi	君たちは（親称） あなたたちは（敬称）
3人称	lui lei	彼は 彼女は	loro	彼らは 彼女らは
	Lei	あなたは（敬称）	Loro	あなたたちは（敬称）

Lezione 1

Sono giapponese.

目標 人と知り合うことができる。

7 **Dialogo 1**

ミラノに到着したRen。あらかじめ教えてもらっていた住所を手掛かりに、友人のChiaraが働いているトラットリーアを訪ねます。

Ren : Ciao Chiara!

Chiara : Ciao, Ren! Benvenuto a Milano!

Matteo : Buon giorno, sono Matteo. Tu sei cinese?

Ren : No, non sono cinese. Sono giapponese.

Vocaboli / Espressioni 1

国籍を言う 【essere + 国籍】 私は～人（国籍）です → Sono giapponese.

国籍：italiano/a/i/e　spagnolo　tedesco　svizzero　americano　coreano
giapponese/i　francese　portoghese　inglese　cinese

初対面の挨拶 【Benvenuto/a/i/e】 ようこそ → Benvenuto a / in...

【Piacere】 はじめまして → Molto piacere.　Piacere mio.　Piacere di conoscerti.

Lettura 1 - Il territorio italiano

8

イタリア半島は「ながぐつ」の形をしていて、国内には20の州があります。

La penisola italiana è a forma di[1] stivale. È delimitata a nord dalle Alpi e si estende[2] a sud nel mar Mediterraneo. È circondata complessivamente da quattro mari e comprende due isole maggiori, la Sicilia e la Sardegna. L'Italia non è un paese molto grande ma il suo carattere non è affatto omogeneo. Il territorio è diviso in 20 regioni e ciascuna di esse ha un proprio fascino particolare.

[1] a forma di ～の形をした [2] si estende 広がる

Cultura 1 - イタリア料理と地域的特徴

イタリアという国は、1861年に統一されるまでは小さな国家の集まりでした。また、イタリアの国土は南北に長い形をしており、地域ごとに異なる気候があります。こうした気候が多彩な食材や独特の調理法を生み出すきっかけとなり、国家ごとに異なる食文化が根付いた結果、その土地ならではの「郷土料理」が誕生しました。たとえば、山間部の多い北部の地域では酪農が盛んなことから、バターやクリームが料理のベースとなっていて、煮込み料理が多いといえます。一方、温暖な中部から南部の地域にかけては、オリーブやトマトの栽培が盛んなことから、オリーブオイルが料理のベースとなっていて、トマトを使った料理が多いといえます。また、イタリア料理に欠かせないパスタに関して、北部地域では軟質の小麦を使った生パスタが、南部地域では硬質のセモリナ粉を使った乾燥パスタが主流です。郷土料理は土地の歴史と深く結びついていますので、各地域の特徴がよく表れており、地元の人々の愛着も深いものといえます。

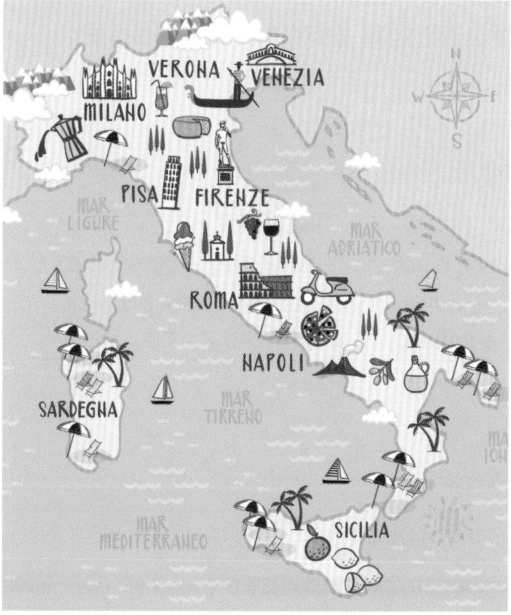

イタリアの国土と地域色ゆたかな料理。
イタリア料理は素材本来の味を活かしたものが多い。

Grammatica 1

9 1 名詞の性と数

イタリア語の名詞には、性と数の区別があり、語尾の母音字が区別のポイントになります。

	男性	男性または女性	女性
単数形	-o	-e	-a
複数形	-i	-i	-e

単数形：posto　複数形：posti　席 男　　ristorante / ristoranti　レストラン 男　　prenotazione / prenotazioni　予約 女　　tavola / tavole　テーブル 女

10 2 essere の直説法現在

イタリア語の動詞は、主語の人称と単複に合わせて、語尾変化（＝活用）させて使います。

essere				
	単数形		複数形	
1人称	(io) sono	私は〜である	(noi) siamo	私たちは〜である
2人称	(tu) sei	君は〜である	(voi) siete	君たちは〜である あなたたちは〜である
3人称	(lui) è (lei) è	彼は〜である 彼女は〜である	(loro) sono	彼らは〜である 彼女らは〜である
	(Lei) è	あなたは〜である		

Sono studente.　私は男子学生です。　　Ren è a Milano.　レンはミラノにいる。

11 3 疑問文と否定文

疑問文は、平叙文と同じ語順で、文末に「？」をつけます。否定文は、動詞の前に non をつけます。

平叙文：Lui è italiano.　彼はイタリア人です。

疑問文：Lui è italiano?　彼はイタリア人ですか？

否定文：Lui non è italiano.　彼はイタリア人ではありません。

肯定疑問文	否定疑問文
Lui è italiano?　彼はイタリア人ですか？	Lui non è italiano?　彼はイタリア人ではないのですか？
Sì, è italiano.　はい、イタリア人です。 No, non è italiano.　いいえ、イタリア人ではありません。	No, non è italiano.　はい、イタリア人ではありません。 Sì, è italiano.　いいえ、イタリア人です。

12 4 疑問代名詞

疑問詞を使った疑問文では文頭に疑問詞、直後に動詞を置きます。

chi	誰	Chi è quella signora?　あちらの女性は誰ですか？
che	何	Che è questo? / Che cosa è questo?　これは何ですか？
quale	どれ	Qual è la macchina italiana?　どれがイタリアの車ですか？

Esercizi 1

1 次の語が男性名詞か女性名詞か、単数形か複数形かを調べ、分類しましょう。

amica	cuochi	lezione	lingue
professore	paesi	ragazzo	studentesse

男性単数	男性複数	女性単数	女性複数

2 指示された主語に合わせて essere を活用させ、全文を書き換えましょう。

1) Tu ____________ italiana. → Voi ____________
2) Voi ____________ francesi. → Lei ____________
3) Io ____________ coreano. → Noi ____________
4) Loro ____________ tedesche. → Tu ____________
5) Lui ____________ inglese. → Loro ____________

3 例にならって、それぞれの質問に Sì もしくは No で答えましょう。

例) Sei giapponese? — Sì, sono giapponese.
1) Signora, Lei è cinese? — Sì, ____________
2) Siete americani? — No, ____________
3) Chiara e Roberto sono italiani? — No, ____________
4) Amélie non è francese? — Sì, ____________

4 イラストを見ながら音声を聞いて、____にイタリア語を書きとりましょう。 13

1) Chi ____________ ? — ____________ Anna.
2) ____________ cinesi? — No, non ____________ cinesi.
3) Che cosa ____________ ? — ____________ macchine tedesche.
4) Qual ____________ la macchina italiana?

Lezione 2

Ho una foto.

目標　身の回りにあるものを表現できる。

14 Dialogo 2

今日からトラットリーアで料理修行をする Ren。緊張している彼を見かねて、同僚たちが出身地の話を持ち出します。

Matteo : Di dove sei?

Ren : Sono di Kyoto.

Matteo : Che cosa c'è a Kyoto?

Ren : C'è un castello, c'è un palazzo imperiale, c'è una torre, e soprattutto ci sono templi... insomma, ci sono tante cose da vedere. Ah, ho una foto.

Vocaboli / Espressioni 2

持ちものを言う 【avere (+ 不定冠詞・数詞) + 名詞】 ～を持っている → Ho una foto.

una foto 1枚の写真　due foto 2枚の写真　foto 何枚かの写真　tante foto たくさんの写真

*foto (←fotografia)　e …と、そして　anche... …も　**提示表現** Ecco! ほら、どうぞ

友人や兄弟がいると言う 【avere (+ 不定冠詞・数詞) + 名詞】 ～がいる → Ho un fratello. / Non ho fratelli.

fratello / sorella 兄弟・姉妹　amico / amica 友人　figlio / figlia 息子・娘

Lettura 2 - La moda

15

ミラノはイタリアの工業地帯ですが、同時に「ファッションの都」でもあります。

Milano è una città molto affascinante e ha tanti aspetti diversi: è un centro economico e finanziario, un polo industriale ed editoriale, un tempio dell'opera lirica e così via.

Inoltre è nota come capitale internazionale della moda, ed infatti a Milano c'è un evento molto importante che si chiama[1)] la "Settimana della moda", ovvero "Fashion Week" in inglese. Gli incontri dell'evento hanno luogo[2)] due volte all'anno e la città ospita tanti partecipanti da tutto il mondo, quali stilisti e giornalisti.

1) chiamarsi 呼ばれる、～という名前である　2) avere luogo 行われる、開催される

Cultura 2 - ミラノ

ミラノ Milano は、イタリア北部に位置するロンバルディア州 Lombardia の州都で、人口約140万人の大都市です。ミラノという地名は「(ロンバルディア) 平原の真ん中」を意味するラテン語の「メディオラーヌム」*Mediolanum* に由来します。イタリアの商業、工業、金融などの中心となっており、近年では航空産業や自動車産業なども発達していて、イタリア最大級の経済地域を形成しています。また、世界4大コレクションの1つ「ミラノ・コレクション」が開催されることで知られるように、古くから服飾などのファッション産業が盛んな土地で、「ファッションの都」とも目されています。市内中心部にあるドゥオーモ Duomo は、イタリア国内最大のゴシック建造物であり、ミラノのシンボルマークとなっています。

ミラノのシンボル的建築物ドゥオーモとミラノ・コレクション。ドゥオーモのすぐそばにあるヴィットーリオ・エマヌエーレ2世のガッレリアには、イタリアンブランドの店舗が数多く軒を連ねている。

Grammatica 2

16 1 不定冠詞

同種の物・人のうち「不特定な1つ・1人」を表し、いくつかの形を使い分ける必要があります。

	単数形	複数形（冠詞なし）
男性形	un libro　とある／1つの本	libri　いくつかの本
女性形	una casa　とある／1つの家	case　いくつかの家

		単数形	複数形
男性形	基本形	un libro　とある／1つの本	libri　いくつかの本
	s＋子音、zの前など	uno zaino　とある／1つのリュック	zaini　いくつかのリュック
	母音の前	un albergo　とある／1つのホテル	alberghi　いくつかのホテル
女性形	基本形	una casa　とある／1つの家	case　いくつかの家
	s＋子音、zの前など	una stella　とある／1つの星	stelle　いくつかの星
	母音の前	un'aula　とある／1つの講義室	aule　いくつかの講義室

17 2 avereの直説法現在

avere				
	単数形		複数形	
1人称	ho	私は〜持つ	abbiamo	私たちは〜持つ
2人称	hai	君は〜持つ	avete	君たちは〜持つ あなたたちは〜持つ
3人称	ha ha	彼は〜持つ 彼女は〜持つ	hanno	彼らは〜持つ 彼女らは〜持つ
	ha	あなたは〜持つ		

Ho 18 anni.　私は18歳です。

Hai mal di testa?　君は頭が痛いの？

18 3 存在文（c'è / ci sono）

【c'è ＋ 単数名詞】、【ci sono ＋ 複数名詞】（〜がある、〜がいる）

C'è un gatto.　1匹の猫がいます。

Ci sono tanti studenti.　たくさんの学生たちがいます。

C'è un ristorante qui vicino?　この近くにレストランはありますか？

— Sì, c'è.　はい、あります。 / — No, non c'è.　いいえ、ありません。

Esercizi 2

1 次の語が男性名詞か女性名詞かを調べ、適切な不定冠詞をつけましょう。

1) __________ amica　　4) __________ studente

2) __________ zio　　5) __________ anno

3) __________ foto　　6) __________ computer

2 日本語の意味になるよう、____ に avere の活用形を入れましょう。

1) Quanti anni ______________ ?　　君は何歳なの？

2) ______________ fame!　　僕らはお腹が空いた！

3) Non ______________ fratelli.　　彼らには兄弟がいません。

4) ______________ un amico italiano.　　私には、イタリアの友人がいます。

5) ______________ fretta?　　君たちは急いでいるの？

6) Che cosa ______________ ?　　彼はどうしたのかな？

3 例にならって、名詞に（　）内の数字をつけて存在文を作りましょう。

例) cappuccino (1) → C'è un cappuccino.

1) impiegati (5) → ______________

2) melanzana (1) → ______________

3) stadio (1) → ______________

4) cani (3) → ______________

4 イラストを見ながら音声を聞いて、____ にイタリア語を書きとりましょう。　19

1) __________ __________ __________ studentesse in aula.

2) __________ __________ albergo qui vicino?

3) __________ __________ libri e __________ dizionari.

4) Non __________ __________ amiche.

Lezione 3

Io prendo il risotto.

目標　欲しいものを注文できる。

20 **Dialogo 3**

お店の同僚たちが、Ren の歓迎会をしてくれることになりました。今日はみんなでミラノ市内の有名リストランテに来ています。

Chiara : Stasera mangiamo qui.

Ren : Che bello! Io prendo il risotto.

Matteo : Prendi anche la cotoletta alla milanese?

Ren : Certo! Mangio tutti e due!

Vocaboli / Espressioni 3

注文する【prendere（+ 定冠詞）+ 料理名】～にします → Io prendo il risotto.

di / come antipasto 前菜として　di / come primo プリモとして　di / come secondo メインとして

di / come contorno つけあわせとして　da bere 飲み物　i dolci デザート

相談する Che cosa prendi? 君は何にする？　Che cosa prendiamo? 何にしようか？　E tu? 君は？

— Anch'io. 私もそれにします。　Anche per me. 私にも同じものを。

Lettura 3 - I ristoranti

イタリアで外食をする際は、予算に応じて、お店の種類を選ぶことができます。

I ristoranti italiani servono un pasto completo e i clienti ordinano per sé più portate a loro scelta[1]. Il ristorante è un locale formale con servizio al tavolo.

In Italia si trova[2] anche un altro tipo di locale, dove si servono i piatti tipici del posto ("la trattoria"). Chi preferisce un ambiente più familiare gusta del buon cibo a buon mercato in posti come "le tavole calde", con servizio al banco, "le teverne", "le osterie", e infine "le pizzerie" con il tipico forno a legna o elettrico (per cuocere la pizza).

In questi locali gli italiani godono di piatti squisiti e di vini eccellenti.

1) a loro scelta 自分の好みで　2) si trova ～がある

Cultura 3 - イタリアのワイン

古代ギリシア人が「エノトリーア・テルス」*Enotoria Tellus*（ワインの大地）と呼んだとされるイタリアでは、ワイン製造が盛んです。地方ごとに自然環境が異なっているため、栽培されるブドウの種類も実に様々。20州全てで赤、白、ロゼ、スパークリングのワインが作られ、その土地で製造されたワインが「地産地消」という形で消費されています。ブドウの品種としては、北部産のバルベーラ Barbera やネッビオーロ Nebbiolo 、中部産のサンジョヴェーゼ Sangiovese 、中～南部産のモンテプルチャーノ Montepulciano といったイタリア土着のものが多いですが、昨今ではカベルネ・ソーヴィニヨンやシャルドネなどといったフランス原産の品種も栽培されています。

ワイン販売店 Enoteca には、イタリア各地のワインが並ぶ。また、店内には試飲コーナーがあり、料金を支払えば軽食と共に様々なワインを飲み比べることもできる。

Grammatica 3

22

1 定冠詞

どの名詞を指すのか相手に了解されていることを表し、いくつかの形を使い分ける必要があります。

	単数形	複数形
男性形	il libro　その本	i libri　それらの本
女性形	la casa　その家	le case　それらの家

		単数形	複数形
男性形	基本形	il libro　その本	i libri　それらの本
	s＋子音、z の前など	lo studente　その男子学生	gli studenti　それらの男子学生
	母音の前	l'amico　その男友だち	gli amici　それらの男友だち
女性形	基本形	la casa　その家	le case　それらの家
	母音の前	l'amica　その女友だち	le amiche　それらの女友だち

23

2 規則変化動詞（-are / -ere / -ire）の活用

活用語尾（-are / -ere / -ire）が一定のパターンにしたがって人称変化します。

cantare	
canto	cantiamo
canti	cantate
canta	cantano

prendere	
prendo	prendiamo
prendi	prendete
prende	prendono

[a] dormire	
dormo	dormiamo
dormi	dormite
dorme	dormono

[b] finire	
finisco	finiamo
finisci	finite
finisce	finiscono

Cantiamo insieme.　私たちは一緒に歌います。

Che cosa prendi?　君は何にする（＝注文する）？

【活用に注意が必要な動詞】

		cercare	pagare	mangiare	studiare
単数	1人称	cerco	pago	mangio	studio
	2人称	cerchi	paghi	mangi	studi
	3人称	cerca	paga	mangia	studia
複数	1人称	cerchiamo	paghiamo	mangiamo	studiamo
	2人称	cercate	pagate	mangiate	studiate
	3人称	cercano	pagano	mangiano	studiano

Esercizi 3

1 次の語が男性名詞か女性名詞かを調べ、適切な定冠詞をつけましょう。

1) ____________ quaderno　　4) ____________ penne

2) ____________ matita　　5) ____________ studio

3) ____________ isola　　6) ____________ zuppa

2 [　] の動詞を活用し、＿＿に書きましょう。

1) Noi ________________________ il dialogo.　[ascoltare]

2) Tu ________________________ part-time?　[lavorare]

3) Loro ________________________ un film.　[vedere]

4) Voi ________________________ bene?　[capire]

5) Io ________________________ un romanzo.　[leggere]

6) Lui ________________________ domani?　[partire]

3 否定文に書き換えましょう。

1) Cantiamo insieme? → ______________________________

2) Scrivi un messaggio? → ______________________________

3) Io pulisco la camera. → ______________________________

4) Luciana e Carla vivono a Torino. → ______________________________

4 イラストを見ながら音声を聞いて、＿＿にイタリア語を書きとりましょう。 24

1) Preferisci ____________ carne o ____________ pesce?

2) Preferisci ____________ studio o ____________ lavori di casa?

3) Preferisci ____________ spaghetti o ____________ lasagne?

4) Preferisci ____________ italiano o ____________ inglese?

Lezione 4

Sono molto buoni.

目標　物の特徴を描写できる。

25 **Dialogo 4**

お店で使う食材の買い出しのため、市場へとやってきた Ren と Chiara。どうやら、何か珍しい野菜を見つけたようです。

Chiara : Cerchiamo la verdura per i contorni.

Ren : Che cosa sono questi fiori?

Chiara : Questi sono i fiori di zucca. Sono molto buoni.

Ren : Le zucche sono buone ma anche i loro fiori sono buoni!?

Vocaboli / Espressioni 4

物の特徴を言う【essere（+ molto）+ 形容詞】（とても）～だ → Sono molto buoni.

buono/a/i/e 良い・美味しい　dolce/i 甘い　tipico-tipica-tipici-tipiche 典型的な

fresco-fresca-freschi-fresche 新鮮な　lungo-lunga-lunghi-lunghe 長い

人の特徴を言う【essere（+ molto）+ 形容詞】（とても）～だ → È molto bravo.

bravo/a/i/e 優秀な　gentile/i 親切な　vecchio-vecchi-vecchia-vecchie 年配の

▸ Lettura 4 - Lo *Slow Food*

26

「全ての人に、おいしく、きれいで、正しい食べ物を」

"Cibo buono (*good*), pulito (*clean*) e giusto (*fair*) per tutti". Questo motto esprime l'obiettivo di *Slow Food* che persegue la salvaguardia non solo[1)] dei diritti di consumatori e produttori, ma anche dell'ambiente e della sua biodiversità.

Slow Food è un movimento culturale internazionale, nato a Bra, in Piemonte, nel 1986. L'idea di questo movimento si basa sul rifiuto del *fast food*, simbolo della civiltà industriale e della vita moderna, ed è legata a molteplici attività per valorizzare la tradizione agricola.

I suoi progetti, svolti in vari campi, ci invitano a ricordare il piacere di mangiare, talvolta trascurato nella nostra vita frenetica, e suggeriscono quella vita che la chiocciolina rappresenta con il suo moto lento -*slow life*-.

1) non solo...ma anche〜 …だけでなく〜も

Cultura 4 - 食材の買い物

イタリアで食材を買う時は、市場 mercato かスーパー supermercato が便利です。市場には各種食材の専門店が軒を連ねていて、店先に並ぶ食材は、どれも新鮮なものばかり。購入時には、自分が欲しいものと必要な分量をお店の人に伝え、袋詰めしてもらったものに対して料金を支払います。一方、スーパーには市場ほどの専門性はないものの、多種多様な食材が手に入ることが魅力です。肉や魚などは予めパックにされていますが、野菜や果物に関しては自分で必要な分量をビニール袋に入れ、レジに行く前に店内の計量器で重さを測って、値段シールを袋に貼りつけておかなければなりません。日本では見かけない珍しい食材もありますので、イタリアに行く際には、ぜひ市場やスーパーに足を運んでみましょう。

スローフード運動のシンボルマークと市場の店先の様子。その土地のことを知るには、その土地のものを食べるというのが、スローフード運動の基本的な考え。

Grammatica 4

27
1 形容詞

修飾する名詞の性数に応じて語尾を変えて使い、変化のパターンは①②の2種類です。

	①男性単数が -o で終わる形容詞		②男性単数が -e で終わる形容詞	
	単数形	複数形	単数形	複数形
男性形	nero	neri	grande	grandi
女性形	nera	nere	grande	grandi

◆形容詞の配置：名詞 ＋ 形容詞

形容詞は名詞を直接修飾するとき、基本的に名詞の後ろに置きます。

	単数形	複数形
男性形	un gatto nero　とある／1匹の黒い猫 un gatto grande　とある／1匹の大きな猫	due gatti neri　2匹の黒い猫 due gatti grandi　2匹の大きな猫
女性形	una macchina nera　とある／1台の黒い車 una macchina grande　とある／1台の大きな車	due macchine nere　2台の黒い車 due macchine grandi　2台の大きな車

＊下のような日常的によく使われる短い形容詞は、名詞の前に置くことも多いです。
grande　大きい　buono　よい　bello　美しい　nuovo　新しい　など

28
2 指示詞

近くにあるものを指すのが questo 、遠くにあるものを指すのが quello です。

	男性単数	男性複数	女性単数	女性複数
指示代名詞・形容詞	questo	questi	questa	queste
指示代名詞	quello	quelli	quella	quelle
*指示形容詞	quel / quello / quell’	quei / quegli	quella / quell’	quelle

※ quello（あの）の形に関しては、Appendice（p.71）も参照。

29
3 疑問副詞

疑問詞を使った疑問文は、疑問詞＋動詞で始めます。前に前置詞をつけることもあります。

quando	いつ	Quando comincia la lezione?　いつ授業が始まりますか？
perché	なぜ	Perché non fai i compiti?　なぜ宿題をやらないの？
dove	どこ	Di dove sei?　どこから来たの？
come	どのように	Come si chiama lui?　彼の名前は何といいますか？
quanto	どれくらい	Quanto costa questo libro?　この本はいくらですか？

Esercizi 4

1 日本語の意味になるよう、___に指示詞を書きましょう。

1) __________ cappello è bello.　　この帽子は素敵だ。
2) __________ macchina è di Carlo.　　この車はカルロのものだ。
3) __________ esercizi sono difficili.　　これらの練習問題は難しい。
4) __________ è un castello famoso.　　あれは有名なお城だ。
5) __________ sono le amiche di Sonia.　　あれはソニアの友人たちだ。
6) __________ sono i libri di testo.　　これらは教科書だ。

2 日本語の意味になるよう、___に形容詞と名詞を書きましょう。

1) una __________ __________　　1台の赤い車
2) due __________ __________　　2匹の白いネコ
3) un __________ molto __________　　1本のとても高い木
4) queste __________ __________　　この黒い靴

3 ___に適切な疑問副詞を入れましょう。

1) __________ finisce la lazione? — Fra poco.
2) __________ abita lui? — Abita a Roma.
3) __________ sono gli spaghetti? — Sono molto buoni.
4) __________ non lavorate? — Perché siamo stanchi.
5) __________ costa questo vino? — Costa dieci euro.

4 イラストを見ながら音声を聞いて、___にイタリア語を書きとりましょう。　30

1) __________ è Andrea, è __________.
2) __________ è Sofia, è __________.
3) __________ sono i nonni di Filippo. Tutti e due sono __________.
4) __________ sono le amiche di Sofia. Tutte e due sono __________.

Lezione 5

Io vado in Sicilia.

目標　予定について尋ねたり、説明したりできる。

31 **Dialogo 5**

そろそろイタリアはヴァカンスの時期。Ren の同僚たちも、少しずつヴァカンス中の予定について考えはじめています。

Ren　：Che cosa fate nelle vacanze?

Matteo　：Io vado in Sicilia. Vado al mare e non faccio niente. E tu, dove vai?

Chiara　：Vado a Roma per trovare i miei. Ren, andiamo insieme a Roma?

Ren　：Volentieri! Sei molto gentile!

Vocaboli / Espressioni 5

予定を言う　【andare + 前置詞 + 場所など】 ~に行く、~のところに行く、~しに行く → Io vado in Sicilia.

場所の表現：in Italia　in aula　in montagna　a Roma　a casa　al mare　all'estero / da un'amica　dai miei / a visitare...　a mangiare...

予定を尋ねる　【che cosa + fare?】 何をする？／【dove + andare?】 どこに行く？

→ Che cosa fai? / Che cosa fate? 何をするの？　Dove vai? / Dove andate? どこに行くの？

Lettura 5 - Il campanilismo

32

イタリアの人々は、自身が生まれ育った地元に強い郷土愛を抱いています。

"Paese che vai, usanza che trovi"... questo proverbio vale soprattutto in Italia, un paese (lo Stato, in questo caso), unito da meno di 200 anni, di cui fanno parte regioni di origini e tradizioni diverse.

Questo fa luce sull'attaccamento degli italiani alla propria terra. Il loro amore per la patria si manifesta[1)] sotto forma di "campanilismo", termine che nasce dal nome campanile, la torre centrale che domina tutta la città, tutto il paese o il quartiere e che scandisce la vita degli abitanti con il suono della sua campana.

Il campanilismo fa crescere la solidarietà all'interno del gruppo ma, d'altra parte, alimenta la rivalità o l'ostilità verso gli estranei e dà luogo a scontri tra fazioni. È uno dei fattori essenziali che danno vigore e impulso alle vicende della vita, delle cose e della gente.

1) si manifesta 現れる

Cultura 5 – ヴァカンツァ

イタリアの人々は、1年に数回「ヴァカンツァ」vacanza と呼ばれる長期休暇を取ります。「空白であること」を意味するラテン語の *vacans* に由来するように、日々の仕事のことを忘れ、頭をからっぽにして何もしないことが、ヴァカンツァの基本です。特に7月から8月にかけての夏のヴァカンツァは期間が約1ヵ月にも及び、休暇を過ごすべく普段住んでいる町とは異なる場所へと出かけていく人が後を絶ちません。そのため、多くの店舗や施設が閉店状態となる一方、閑散とした町はイタリアで休暇を過ごそうと近隣諸国からやってきた外国人観光客で溢れかえります。ヴァカンツァの滞在先としては「海」が不動の人気を誇りますが、最近では町に残って静かに過ごす人も増えています。

ヴェネツィアのサン・マルコ広場にあるカンパニーレ Campanile（鐘楼）とヴァカンツァ先として人気の町タオルミーナ Taormina の海岸。

Grammatica 5

33
1 不規則変化動詞①（原形語尾が -are のタイプ）

		andare	fare	dare	stare
単数	1人称	vado	faccio	do	sto
	2人称	vai	fai	dai	stai
	3人称	va	fa	dà	sta
複数	1人称	andiamo	facciamo	diamo	stiamo
	2人称	andate	fate	date	state
	3人称	vanno	fanno	danno	stanno

Vado all'università.　私は大学に行きます。　　Come **stai**?　元気？

Facciamo la spesa al supermercato.　スーパーで買い物をしよう。

34
2 前置詞

前置詞には、いろいろな使い方があります。詳しくは辞書を参照して下さい。

a	～で、～に	Silvia è **a** casa.　シルヴィアは家にいます。
da	～から	Lui parte **da** Torino.　彼はトリノから出発します。
di	～の	Questa è la bicicletta **di** Roberto.　これはロベルトの自転車です。
in	～の中に	Leggo il libro **in** treno.　私は電車の中で本を読みます。
su	～の上に	Ora siamo **su** Venezia.　ただいまヴェネツィア上空にいます。
per	～のために	Lavoro **per** vivere.　私は生きるために働く。
con	～と一緒に	Pranzi **con** gli amici?　君は友達と昼食をとるの？
fra / tra	～の間に	Bergamo è **fra** Milano e Brescia.　ベルガモは、ミラノとブレシアの間にあります。

35
3 冠詞前置詞

以下の5つの前置詞の直後に定冠詞がきた場合は、結合して一語にします。

	il	i	lo	gli	la	le	l'
a	al	ai	allo	agli	alla	alle	all'
da	dal	dai	dallo	dagli	dalla	dalle	dall'
di	del	dei	dello	degli	della	delle	dell'
in	nel	nei	nello	negli	nella	nelle	nell'
su	sul	sui	sullo	sugli	sulla	sulle	sull'

a + il cinema → al cinema　映画館に　　　su + la tavola → sulla tavola　テーブルの上に

Esercizi 5

1 選択肢の中から適切な動詞を選んで活用し、＿＿に書きましょう。

andare	fare	dare	stare

1) Come ______________ i tuoi? — ______________ tutti bene, e i tuoi?
2) Quando ______________ l'esame Paolo? — ______________ l'esame d'italiano lunedì.
3) Che cosa ______________ nel tempo libero? — Di solito io ______________ sport.
4) Voi ______________ al mare domani? — No, ______________ in montagna.

2 ＿＿に andare の活用形を、（　）に前置詞／冠詞前置詞を選択肢から選んで、書きましょう。

alla	allo	da	in

1) Io e Luciana ______________ (　　　　　　) stazione.
2) Luigi e Paola ______________ (　　　　　　) biblioteca.
3) Io ______________ (　　　　　　) un'amica.
4) Carlo ______________ (　　　　　　) stadio.

3 ＿＿に fare の活用形を、（　）に前置詞／冠詞前置詞を選択肢から選んで、書きましょう。

in	a	al	per

1) Che cosa ______________ tu? — Lavoro (　　　　　　) una trattoria.
2) Tu, che cosa ______________ domani? — Vado (　　　　　　) fare una passeggiata.
3) L'amica di Sara ______________ l'impiegata e lavora (　　　　　　) una ditta giapponese.
4) Domani noi ______________ una grande festa (　　　　　　) ristorante.

4 イラストを見ながら音声を聞いて、＿＿にイタリア語を書きとりましょう。 36

1) Quelle camere ______________ ______________ mare.
2) Io ______________ ______________ centro ______________ dieci minuti.
3) Monica e Alberto ______________ a casa ______________ un po' ______________ tempo.
4) Ogni mattina ______________ colazione ______________ i miei.

Lezione 6

Vieni anche tu?

目標　誰かを誘うことができる。

37 **Dialogo 6**

ヴァカンスを利用してローマに里帰りする Chiara についてきた Ren。Chiara の弟が、テルミニ駅まで迎えに来てくれました。

Chiara : Ecco! Questo è mio fratello, Luca.

Luca : Ciao! Piacere di conoscerti!

Ren : Piacere mio!

Chiara : Stasera porto Ren al ristorante Da Marcello. Vieni anche tu?

Vocaboli / Espressioni 6

誰かを誘う【venire + anche + 主語？】～も来る？ → Vieni anche tu?

con me 私と一緒に　con noi 私たちと一緒に　da me 私の家に

【andare + insieme?】一緒に行く？ → Andiamo insieme?

誘いを受ける・断る

Volentieri! 喜んで！　Non vedo l'ora! 待ちきれないよ！　Mi dispiace ma... 残念だけど…

Lettura 6 - Il patrimonio mondiale

38

イタリアは、ユネスコの世界遺産登録数が、世界の中でも特に多い国です。

"Tutte le strade portano a Roma" - dice un proverbio. Roma, la città eterna, rimane ancora oggi fra le mete turistiche più attraenti. Inoltre vengono in mente numerose città italiane quando si parla di luoghi da visitare. Non mancano poi i monumenti importanti da visitare, come la famosa torre pendente di Pisa.

Non c'è da stupirsi, quindi, se l'Italia si impone per il numero altissimo di siti registrati come partrimonio mondiale, come dimostra la variegata lista dell'UNESCO. Essa contiene infatti vari tipi di aree riconosciute come patrimonio sia[1] culturale che naturale.

È da sottolineare l'attenzione degli italiani per la cura e la trasmissione di questo patrimonio alle generazioni future. È[2] il loro senso del dovere, infatti, che sostiene e mantiene l'eccezionale eredità artistica e culturale dell'Italia.

1) sia...che〜 〜も…も　2) È...che〜 〜なのは…だ。〔強調構文〕

Cultura 6 - ローマ

ローマ Roma は、イタリア中部に位置するラツィオ州 Razio の州都で、人口約300万人をほこる、言わずと知れたイタリアの首都です。ローマという地名は、ローマ建国神話に登場する王政ローマの初代王となった人物「ロームルス」*Romulus* に由来します。かつて栄えたローマ帝国の首都であったことから、当時の栄華を示すコロッセオ Colosseo や凱旋門 Arco di Costantino といった遺跡が市内に数多く存在しており、ヨーロッパ文明の基礎を築いた町といえます。料理としては、日本でもお馴染みのスパゲッティ・アッラ・カルボナーラ Spaghetti alla carbonara や、白ワインで煮込んだローマ風アーティチョーク Carciofi alla romana などが有名です。

世界遺産に登録されているローマの代表的建築物コロッセオとカルボナーラ。炭焼き職人たち carbonari が食べていたことに由来するカルボナーラは、ローマに行ったらぜひ食したい一品。

Grammatica 6

1 不規則変化動詞②（原形語尾が -ere / -ire のタイプ）

39

		bere	tenere	sapere	venire	dire	uscire
単数	1人称	bevo	tengo	so	vengo	dico	esco
	2人称	bevi	tieni	sai	vieni	dici	esci
	3人称	beve	tiene	sa	viene	dice	esce
複数	1人称	beviamo	teniamo	sappiamo	veniamo	diciamo	usciamo
	2人称	bevete	tenete	sapete	venite	dite	uscite
	3人称	bevono	tengono	sanno	vengono	dicono	escono

Da dove **vieni**?　どこから来てるの？（＝出身は？）　　Stasera non **esco**.　私は、今夜は出かけない。

2 所有形容詞

40

被所有物・被所有者の性数に合わせて語尾が変わります。所有者の性は関係ありません。

	男性形		女性形	
	単数形	複数形	単数形	複数形
私の	mio	miei	mia	mie
君の	tuo	tuoi	tua	tue
彼の／彼女の	suo	suoi	sua	sue
私たちの	nostro	nostri	nostra	nostre
あなた方の	vostro	vostri	vostra	vostre
彼らの／彼女らの	loro	loro	loro	loro

il **suo** libro / i **suoi** libri　彼の／彼女の本　　la **nostra** amica / le **nostre** amiche　私たちの友達

3 人称代名詞（強勢形）

41

前置詞の後では人称代名詞（主語）ではなく、強勢形の代名詞を用います。

主語	io	tu	lui	lei	noi	voi	loro
強勢形	**me**	**te**	lui	lei	noi	voi	loro

Vieni con **me**?　私と一緒に来る？　　Questo è un regalo per **te**.　これは君へのプレゼントだよ。

4 疑問形容詞

42

「疑問詞 ＋ 名詞 ＋ 動詞」の語順で使います。quale と quanto は名詞に合わせて語尾が変わります。

che	何の	**Che** lavoro fai?　何の仕事をしていますか？
quale	どの	**Quale** cravatta preferisce?　どのネクタイがお好みですか？
quanto	いくつの・どれだけの	**Quanti** studenti ci sono?　どれだけの学生がいますか？

Esercizi 6

1 [ ] の動詞を活用し、____に書きましょう。

1) Voi non ______________________ da me stasera? [venire]
2) Io ______________________ volentieri con voi. [uscire]
3) Tu ______________________ che lavoro fa lui? [sapere]
4) I miei genitori ______________________ insieme. [bere]
5) Lui ______________________ i libri in ordine. [tenere]
6) Tu, cosa ______________________ di questa pittura? [dire]

2 ____に venire の活用形を、( ) に前置詞／冠詞前置詞を選択肢から選んで、書きましょう。

con	da	dal	all'

1) Io ____________________ ( ) Giappone.
2) Tu ____________________ ( ) aeroporto in tassì?
3) Anche noi ____________________ ( ) te.
4) Anna ____________________ a Roma ( ) la sua macchina.

3 主語と同じ人称の所有形容詞を、____に書きましょう。

1) Cerchi il ______________ dizionario? — Sì, cerco anche la ______________ penna.
2) Leonardo ama molto la ______________ famiglia.
3) Esco con i ______________ amici.
4) Avete la ______________ tessera?

4 イラストを見ながら音声を聞いて、____にイタリア語を書きとりましょう。 43

1) ____________________ piatto preferisci, il risotto o le lasagne?
2) Di ____________________ colore è la tua macchina?
3) ____________________ anni ha tuo fratello?
4) ____________________ marca è il tuo cellulare?

Lezione 7

Mi puoi accompagnare?

目標 希望や可能性について表現できる。

44 Dialogo 7

芸術が大好きな Ren は、ローマの街にすっかり魅了されています。Chiara は、そんな Ren に芸術の町フィレンツェを訪れるよう勧めます。

Ren ： È piena di monumenti... Roma è splendida!

Chiara ： Se ami l'arte, devi visitare anche Firenze.

Ren ： Infatti vorrei visitarla... Mi puoi accompagnare?

Chiara ： Se lo vuoi! Ma prima devi vedere tutto qui a Roma.

Vocaboli / Espressioni 7

希望を述べる 【potere + 動詞の原形】 ～してもらえる？ ～してもいい？ → Mi puoi accompagnare?

Puoi... / Può...? ～してもらえる／してもらえますか？　Posso...? ～してもいいですか？

【Vorrei + 名詞】 ～が欲しいのですが　【Vorrei + 動詞の原形】 ～したいのですが

可能性を述べる 【potere + 動詞の原形】 ～かもしれない → Può essere difficile.

【dovere + 動詞の原形】 ～にちがいない、～のはず → Deve essere difficile.

Lettura 7 - Il Cristianesimo

45

イタリアは「カトリックの国」、果たして本当にそうなのでしょうか……？

Gli italiani devono essere tutti cattolici? La risposta è no. Ognuno può essere religioso o ateo, cattolico o di altre religioni, poiché nello Stato italiano la laicità è un diritto.

Può sembrare strano, l'Italia "deve essere un paese cattolico", si può pensare dall'esterno, idea rafforzata anche dalla presenza della Città del Vaticano, all'interno del territorio. Laicizzazione[1], però, non vuol dire negazione completa della religiosità, tante feste nazionali infatti sono collegate al cristianesimo e molti italiani dichiarano di essere cattolici, anche se[2] non sono praticanti.

Nella coesistenza di religiosità e laicità, il rispetto per le scelte altrui deve avere la priorità, cioè, deve essere possibile abbandonare il culto per chi lo vuole, e chi invece vuole convertirsi[3] a un'altra religione, deve poterlo fare seguendo[4] le proprie convinzioni.

1) laicizzazione 世俗化　2) anche se... たとえ～でも　3) convertirsi a... ～に改宗する　4) seguendo... ～に従って

Cultura 7 – ヴァチカン市国

ヴァチカン市国 Città del Vaticano は、ローマ市内にある世界最小の国土面積を持つ国家で、言わずと知れたカトリック教会の総本山です。ヴァチカンという地名は、当地における元来のラテン語地名「ウァティカヌスの丘」*Mons Vaticanus* に由来します。イタリアとは別の国家ですが、ローマ市内からヴァチカンへ入国する際に、パスポートは必要ありません。ただし、観光客が訪問できる場所は、サン・ピエトロ広場、サン・ピエトロ大聖堂 Basilica di San Pietro、ヴァチカン博物館 Museo Vaticano 周辺のみに限定されており、その他の場所は立入禁止区域となっています。

サン・ピエトロ大聖堂と郵便局のポスト。ヴァチカン郵便局から出す郵便物は、ローマ市内の郵便局から出すよりも、迅速かつ正確に宛先に届けられるという噂も。

Grammatica 7

46
1 人称代名詞（直接目的補語）

直接目的語を言い換えます。強勢形代名詞とは違って、必ず動詞の活用形の直前に置きます。

主語	io	tu	lui	lei	noi	voi	loro	
直接目的	mi	ti	lo	la	ci	vi	li	le
和訳	私を	君を	彼を/それを	彼女を/それを	私たちを	君たちを	彼らを/それらを	彼女らを/それらを

Ti amo tanto.　僕はとても君を愛している。

Vi invita alla festa.　彼は君たちをパーティーに招待する。

47
2 中性代名詞 lo

代名詞という名前ですが、名詞以外の要素を受けて使います。

essere の後に続く名詞や形容詞	È felice Rebecca？　レベッカは幸せですか？ — Sì, **lo** è.　ええ、彼女はそうです。（**lo** = felice）
前文の内容	Dove abita Maria in Giappone?　日本でマリアはどこに住んでいますか？ — Non **lo** so.　私はそれを知りません。（**lo** = Dove abita Maria in Giappone）

48
3 補助動詞（volere / potere / dovere / sapere）

後ろに動詞の原形を置いて「したい」、「できる」、「すべき」という意味を表します。

		volere	potere	dovere	sapere
単数	1人称	voglio	posso	devo	so
	2人称	vuoi	puoi	devi	sai
	3人称	vuole	può	deve	sa
複数	1人称	vogliamo	possiamo	dobbiamo	sappiamo
	2人称	volete	potete	dovete	sapete
	3人称	vogliono	possono	devono	sanno

volere	願望	**Vuole** venire con noi?　私たちと一緒に来ませんか？（＝一緒に来たいですか？） **Vuoi** un caffè?　コーヒーはどう？（＝君は1杯のコーヒーが欲しい？）［volere + 名詞］
potere	可能	**Può** venire in ufficio oggi?　今日、職場に来てもらえますか？（＝来ることができますか？）
dovere	義務	**Dovete** vedere questo film.　君たちはこの映画を見るべきだよ。
sapere	可能	Non **sappiamo** suonare la chitarra.　私たちはギターが弾けない。

【potere + inf.】「状況的」に可能

Posso nuotare.　私は泳げる……付近に水場があり、水着を持っているので、遊泳が可能である。

【sapere + inf.】「能力的」に可能

So nuotare.　私は泳げる……過去に泳ぎ方を学び、適切に身体を動かせるので、遊泳が可能である。

Esercizi 7

1 下線部に注意しつつ、人称代名詞（直接目的補語）を使って返答しましょう。

1) Vedi i film di Hayao Miyazaki? — Sì, ________ vedo spesso.
2) Mi aiutate? — Sì, ________ aiutiamo certamente.
3) Finite questo lavoro in un mese? — No, ________ finiamo in due mesi.
4) Invitate alla festa anche Lucia? — Sì, certamente ________ invitiamo.

2 [　] の動詞を活用し、＿＿に書きましょう。

1) In quale paese ________________ andare voi? [volere]
2) Noi ________________ gli spaghetti alle vongole. [volere]
3) Tu ________________ partire subito? [dovere / dovere]
　— Sì, ________________ arrivare alle nove.
4) Lei ________________ studiare per gli esami. [dovere]

3 [　] の動詞を活用し、＿＿に書きましょう。

1) Mi dispiace, noi non ________________ uscire oggi. [potere]
2) Signora, Lei ________________ tornare domani? [potere]
3) Francesca non ________________ guidare perché non ha la patente. [sapere]
4) Ragazzi, ________________ suonare bene il sassofono! Siete bravissimi! [sapere]

4 イラストを見ながら音声を聞いて、＿＿にイタリア語を書きとりましょう。 49

1) ________________ trovare un bar in fondo alla strada, ________________ vedi?
2) Anna ________________ ascoltare la musica classica, perché ________________ ama molto.
3) ________________ quando viene Umberto?
　— No, non ________________ ________________.
4) ________________ mangiare le carote?
　— Sì, ________________ ________________ mangiare, sono buone!

Lezione 8

Mi piace molto questo vino!

目標　興味・関心について述べることができる。

50 **Dialogo 8**

ミラノに帰る途中でフィレンツェに立ち寄った Ren と Chiara は、オステリーアで遅めの昼食中。Ren は地元のワインに夢中です。

Ren　：Mi piace molto questo vino!

Chiara：Ti interessano i vini locali? Andiamo a un'enoteca famosa in campagna?

Ren　：Che bello! Possiamo partire subito?

Chiara：Ma adesso sono le tre... è meglio andarci domani.

Vocaboli / Espressioni 8

好みを言う　【間接目的語 + piacere(+ molto) + 主語】 ~が（とても）好き → Mi piace molto questo vino!

【Mi piace + 単数名詞・動詞の原形 / Mi piacciono + 複数名詞...】 私は~が好き

Mi piace molto. 大好きだ。　Non mi piace. 嫌いだ。　Non mi piace molto. あまり好きではない。

Ti piace...? 君は~が好き？　Mi piace..., e a te? 私は~が好き、君は？　Anche a me piace. 私も好き。

興味・関心　【Mi interessa + 単数名詞 / Mi interessano + 複数名詞】 私は~に興味がある

Lettura 8 - Il Rinascimento

51

巷でよく聞く「ルネサンス」は、中世のフィレンツェで花開きました。

Quando si parla del Rinascimento, bisogna fare attenzione all'ambiguità di questa parola. È un termine molto difficile da definire e può significare concetti distinti che variano a seconda[1] delle discipline. Prevalentemente si tratta di un movimento culturale innovatore fiorito a Firenze e poi diffusosi nell'Europa tardo medievale, oppure di un'epoca di transizione tra il Medioevo e l'età moderna.

Tra le figure di spicco del Rinascimento, si possono nominare[2] geni come Leonardo e Michelangelo nell'ambito artistico, e Dante, Petrarca e Boccaccio in quello letterario. È da notare la provenienza comune di molti di questi personaggi: la Toscana, o per l'esattezza, Firenze. I capolavori di questi grandi poeti sono le opere scritte non in latino ma in "volgare"[3], lingua adottata e coltivata nella loro produzione letteraria e su cui si basa l'italiano parlato oggi.

1) a seconda di... ～に応じて　2) si possono nominare 名が挙げられる　3) in volgare 俗語で

Cultura 8 - フィレンツェ

フィレンツェ Firenze は、イタリア中部に位置するトスカーナ州 Toscana の州都で、人口約38万人の都市です。フィレンツェという地名は「花咲く地」を意味するラテン語の「フロレンティア」*Florentia* に由来します。15世紀にメディチ家当主のロレンツォ・デ・メディチ Lorenzo de' Medici が芸術・学問を振興したことで、多くの芸術家や学者がフィレンツェに集まり、ルネサンス文化が花開きました。今でもウフィッツィ美術館 Galleria degli Uffizi には、多くの人が芸術鑑賞に訪れます。料理としては、牛肉を炭火で豪快に焼き上げたビステッカ・アッラ・フィオレンティーナ Bistecca alla fiorentina や、牛の胃袋を野菜と一緒に煮込んだランプレドット Lampredotto などが有名です。

フィレンツェのランドマーク的建造物サンタ・マリア・デル・フィオーレ大聖堂 Cattedrale di Santa Maria del Fiore と、トスカーナ方言で書かれた『神曲』*La Divina Commedia* を手にするダンテ・アリギエーリ Dante Alighieri。

Grammatica 8

52

1 人称代名詞（間接目的補語）

間接目的語（a＋名詞）を言い換えます。必ず動詞の活用形の直前に置きます。

主語	io	tu	lui	lei	noi	voi	loro	
間接目的	mi	ti	gli	le	ci	vi	gli	gli
和訳	私に	君に	彼に/それに	彼女に/それに	私たちに	君たちに	彼らに/それらに	彼女らに/それらに

Mi piace mangiare.　私は食べることが好きです。(piacere a… ～にとって好ましい)

Vi presento mia sorella.　君たちに私の妹を紹介します。

53

2 動詞の非人称用法

自動詞や目的語のない他動詞3人称単数形の前に si をつけると、一般論を表します。

Mangia per vivere.（彼／彼女は）生きるために食べる。

→ **Si** mangia per vivere.（人は）生きるために食べる。

Non può entrare dentro.（彼／彼女は）中に入ることはできない。

→ Non **si** può entrare dentro.（誰も）中に入ることはできない。

54

3 天候と時刻

非人称表現では、動詞は常に3人称の形で使います（天候は常に単数、時刻は単数・複数）。

【天候】fare / essere ＋（天候を示す）名詞／形容詞、非人称動詞 piovere, nevicare

Che tempo fa?			
	Fa bel tempo.　良い天気です。		Fa brutto tempo.　悪い天気です。
	Fa caldo.　暑いです。		Fa freddo.　寒いです。
	È sereno.　晴れています。		È nuvoloso.　曇っています。
	Piove.　雨が降っています。		Nevica.　雪が降っています。

【時刻】essere ＋ 定冠詞（女性形）＋ 時刻の数字

Che ore sono? / Che ora è?	
1：00	È l'una.　1時です。
2：10	Sono le due e dieci.　2時10分です。
3：15	Sono le tre **e un quarto**.　3時15分です。
4：30	Sono le quattro e trenta.　4時30分です。 Sono le quattro **e mezzo**.　4時半です。
4：45	Sono le quattro e quarantacinque.　4時45分です。 Sono le cinque **meno un quarto**.　5時15分前です。
4：50	Sono le cinque **meno dieci**.　5時10分前です。
0：00	È mezzanotte / Sono le ventiquattro.　0時／24時です。
12：00	È mezzogiorno / Sono le dodici.　12時です。

【定型表現】
e un quarto　＋15分
e mezzo　＋30分
meno un quarto　－15分

Esercizi 8

1 下線部に注意しつつ、人称代名詞（間接目的補語）を使って返答しましょう。

1) Regali questi fiori a Elena? — Sì, ______ regalo.
2) Mi telefoni stasera? — No, ma ______ telefono domani.
3) Puoi rispondere subito al cliente? — Sì, ______ rispondo subito.
4) A voi interessa questo problema? — Sì, ______ interessa molto.

2 応答文を完成させましょう。

1) Ti piace la cucina italiana? — Sì, ______ ______ molto.
2) Non ti piacciono i dolci? — No, non ______ ______ molto.
3) A Marco piace andare a teatro? — No, non ______ ______ affatto.
4) Vi piacciono gli spaghetti? — Sì, ______ ______ e li mangiamo spesso.

3 イラストの時刻を、イタリア語で表現しましょう。

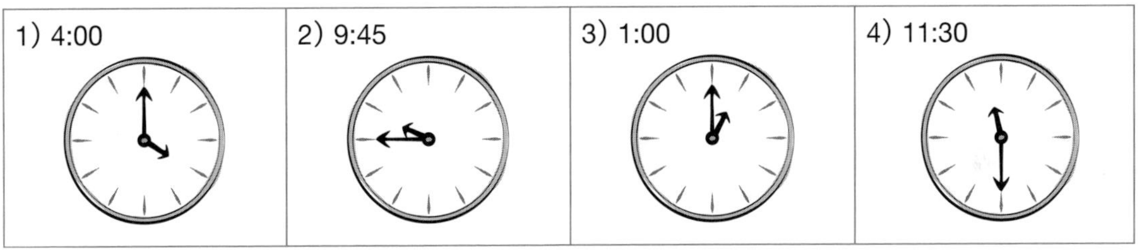

1) ______
2) ______
3) ______
4) ______

4 イラストを見ながら音声を聞いて、___にイタリア語を書きとりましょう。 55

1) ______ questa mattina.
2) Oggi ______ ______ ______.
3) ______ molto.
4) ______ ______.

Lezione 9

Dove si trova il mercato?

目標　場所を尋ねることができる。

56 **Dialogo 9**

ミラノに帰る途中でボローニャに立ち寄った Ren と Chiara。美味しいモルタデッラを求めて、市場に行ってみることにしました。

Ren ： Scusi, signora! Dove si trova il mercato?

Passante ： Si trova vicino a Piazza Maggiore.

Chiara ： Quanto tempo ci vuole?

Passante ： Ci vogliono cinque minuti a piedi.

Vocaboli / Espressioni 9

場所を尋ねる【dove + trovarsi?】～はどこですか？ → Dove si trova il mercato?

所要時間を言う【Ci vuole + 時間（単数）/ Ci vogliono + 時間（複数）】～かかる

Ci vuole un'ora. 1時間かかります。　Ci vogliono cinque minuti a piedi. 徒歩で5分かかります。

時間：un giorno　una settimana　un anno　dieci minuti　due ore

移動手段：a piedi　in autobus　in treno　in aereo　in bicicletta　in motocicletta

▶ Lettura 9 - L'università

57

ボローニャ大学は、ヨーロッパにおける大学の原点であり、「母なる大学」と呼ばれています。

Iscriversi all'università di Bologna vuol dire studiare all'università più antica d'Europa. Ricordiamoci[1] che *Alma Mater Studiorum* (Madre nutrice degli studi) è il nome scelto appositamente per questa università. Si considera sia stata fondata nel 1088 e ancora oggi continua ad accogliere tanti studenti e studiosi non solo italiani ma anche stranieri. Se consultiamo l'elenco dei suoi iscritti e diplomati di tutti i tempi, troviamo nomi di eminenti figure, tra cui Dante, Petrarca, Copernico, ecc.

Per questo la città di Bologna è un contesto molto favorevole e ambito per seguire i corsi universitari e fare ricerca; qui si vive e si studia con compagni colti e diligenti, e infatti, Bologna viene chiamata anche "la dotta".

Inoltre è celebre per la gastronomia (si dice "Bologna la grassa") e abbonda di fascino architettonico e panoramico. Sono celebri le vedute di colore rosso tra cui spiccano torri e portici[2]. Insomma, chi non aspira a essere iscritto all'ateneo bolognese?

1) ricordiamoci 覚えておきましょう　2) portico ポルティコ（アーケード付きの歩道）

Cultura 9 - ボローニャ

ボローニャ Bologna は、イタリア北部に位置するエミリア＝ロマーニャ州 Emilia-Romagna の州都で、人口約39万人の都市です。ボローニャという地名は、紀元前4世紀頃に当地にあったボイイ人の集落を、ローマ人たちが「ボノニア」*Bononia* と呼んだことに由来します。1088年に創立されたヨーロッパ最古の大学ボローニャ大学 Università di Bologna（ラテン語名：*Alma mater studiorum*）がある「学問の町」として知られています。料理としては、挽肉のソースを使ったタリアテッレ・アル・ラグー Tagliatelle al ragù や、細かく刻んだ肉や野菜をパスタの皮で包んだトルテッリーニ Tortellini などが有名です。

ボローニャ大学の旧校舎アルキジンナージオ Archiginnasio とタリアテッレ・アル・ラグー。日本では「ボロネーゼ」といわれるが、現地では「ラグー」という。

Grammatica 9

58

1 部分冠詞

不特定な数量を表す冠詞です。

		単数形＋数えられない名詞の単数形	複数形＋名詞の複数形
男性形	基本形	**del** pane　いくらかのパン	**dei** limoni　いくつかのレモン
	s＋子音、z の前など	**dello** zucchero　いくらかの砂糖	**degli** studenti　何人かの学生
	母音の前	**dell'**olio　いくらかの油	**degli** antipasti　いくつかの前菜
女性形	基本形	**della** frutta　いくらかの果物	**delle** melanzane　いくつかのナス
	母音の前	**dell'**acqua　いくらかの水	**delle** arance　いくつかのオレンジ

59

2 再帰動詞／代名動詞

常に動詞の主語と同じ人称の代名詞とセットにします。

alzarsi				
	単数形		複数形	
1人称	**mi alzo**	私は起きる	**ci alziamo**	私たちは起きる
2人称	**ti alzi**	君は起きる	**vi alzate**	君たち／あなたたちは起きる
3人称	**si alza**	彼／彼女は起きる	**si alzano**	彼ら／彼女らは起きる

①本質的再帰（自分自身を～する）	**Mi alzo** alle sei ogni giorno.　私は毎日6時に起きる。
②形式的再帰（自分自身に～する）	**Mi lavo** le mani.　私は（自分の）手を洗う。
③相互的再帰（お互いに～しあう）	**Si sentono** ogni sera.　彼らは毎晩電話をかけあっている。
④代名動詞（①～③以外）	Nessuno **si accorge** del suo arrivo.　誰も彼の到着に気づかない。

60

3 代名小詞（ne / ci）

基本的に「前置詞＋名詞」を言い換えます。また特定の語を受けない慣用表現もあります。

ne	①【前置詞 di ＋ 名詞】	Parla **dei suoi problemi**?　彼は彼自身の問題について話しますか？ — No, non **ne** parla.　いいえ、彼はそれについて話しません。
	②【前置詞 da ＋ 名詞】	Parto per Pisa ma **ne** torno subito.　ピサに発つがすぐに戻ってくるよ。
	③【数量表現 ＋ 名詞】	**Quante sigarette** fumi al giorno?　君は1日に何本のタバコを吸うの？ — **Ne** fumo dieci.　それを10本吸うよ。（←Fumo dieci sigarette.）
	④【慣用表現】	Me **ne** vado.　おいとまします。　Non **ne** posso più.　もう耐えられない。
ci	①【前置詞 a ＋ 名詞】	Pensi **al progetto**?　君はその計画のことを考えているの？ — Sì, **ci** penso sempre.　うん、いつもそのことを考えているよ。
	②【前置詞 a, in, su... ＋ 場所】	Vanno **in chiesa**?　彼らは教会に行きますか？ — Sì, **ci** vanno.　はい、彼らはそこに行きます。
	③【慣用表現】	Quanto tempo **ci** vuole?　時間はどれくらいかかりますか？

※ 数量表現に関しては、Appendice（p.75）も参照。

Esercizi 9

1 次の語が男性名詞か女性名詞かを調べ、適切な部分冠詞をつけましょう。

1) ______________ aria　　4) ______________ pomodori
2) ______________ vino　　5) ______________ zenzero
3) ______________ uova　　6) ______________ stranieri

2 [ ] の動詞を活用し、____に書きましょう。

1) Tu, come ______________________? [chiamarsi]
2) Potete ______________________ qua. [sedersi]
3) Dove ______________________ l'ufficio postale? [trovarsi]
4) Noi non ______________________ da tanto. [vedersi]
5) Loro ______________________ tanto. [amarsi]
6) Domani devo ______________________ alle sei. [alzarsi]

3 下線部に注意しつつ、代名小詞 ne／ci を使って返答しましょう。

1) Quanti fratelli hai? — ________ ho due.
2) Pensate all'esame finale? — Sì, ________ pensiamo.
3) Vieni in Giappone? — Sì, ________ vengo di sicuro.
4) Quante mele vuoi? — ________ vorrei tre.

4 イラストを見ながら音声を聞いて、____にイタリア語を書きとりましょう。 61

1) Quanta farina vuole? — ________________ posso avere un chilo?
2) Fa freddo e ________________ ________________ la giacca.
3) Puoi aprire questa bottiglia? Non ________________ riesco.
4) Hai il viso pallido. Non ________________ ________________ bene?

Lezione 10

Ho visitato il Palazzo Reale.

目標　過去のことを説明できる①

62 **Dialogo 10**

お店の休業日に、1人でトリノへ小旅行に行ってきたRen。翌出勤日に、Matteoからトリノ旅行について尋ねられています。

Matteo : Che cosa hai fatto a Torino?

Ren : Ho visitato il Palazzo Reale. Ho visto anche la Mole Antonelliana.

Matteo : Bravo! Senti, hai bevuto il Bicerin?

Ren : Certo! Perché è una specialità torinese!

Vocaboli / Espressioni 10

過去の経験・出来事を言う①【avere + 過去分詞】～した → Ho visitato il Palazzo Reale.

Hai mai mangiato...? 君は～を食べたことある？　Non ho mai mangiato... ～を食べたことない

l'altro ieri 一昨日　ieri 昨日　oggi 今日

la settimana scorsa 先週　il mese scorso 先月　l'anno scorso 昨年

poco fa 先ほど　una settimana fa 1週間前　una volta 1度　due volte 2度

Lettura 10 - Il cioccolato

63

チョコレートとチョコレート職人の街としての伝統が、多くのトリノ名物を生み出しました。

A Torino la tradizione cioccolataia ha fatto nascere tante varietà di cioccolato e cioccolatini. La città infatti è davvero una meta da non perdere per appassionati di cioccolato. Avete mai sentito parlare del Bicerin, specialità per eccellenza di Torino? I torinesi hanno prodotto questa bevanda gustosa accompagnando il caffè alla crema di latte e... al cioccolato!

Ugualmente rinomato è il gianduia[1)], l'impasto di cioccolato a base di cacao e di una nocciola tipica locale. La felice combinazione prende il nome dall'omonima meschera torinese. Il gianduia si può gustare in tanti modi, come per esempio nei gianduiotti a base di questo ingrediente e impacchettati singolarmente. Questi cioccolatini sono l'invenzione di un cioccolataio e di una società dolciaria torinesi che li hanno portati alla forma caratteristica che siamo abituati a vedere. E non dimentichiamo certamente un'altra variante in crema spalmabile, la Nutella, che ormai ha ottenuto una vasta popolarità in tutto il mondo.

1) gianduia ジャンドゥイア。チョコレートの一種、元はマスケラ（仮面即興劇：コメディア・デッラルテのキャラクター）の名。

Cultura 10 - トリノ

トリノ Torino は、イタリア北部に位置するピエモンテ州 Piemonte の州都で、人口約86万人の都市です。トリノという地名は、紀元前1世紀頃に当地にあったタウリニー人の集落を、ローマ人たちが「タウリノールム」*Taurinorum* と呼んだことに由来します。旧サヴォイア公国／サルデーニャ王国の首都であり、1861年のイタリア統一時にはイタリア王国の首都でもありました。現在は自動車工業や映画産業が盛んです。ピエモンテはイタリア全国の中でもドルチェ（デザート）の種類が豊富な地域であり、日本でもお馴染みのパンナコッタ Pannacotta や、ホットチョコレートとエスプレッソを混ぜ合わせた飲み物ビチェリン Bicerin などが有名です。

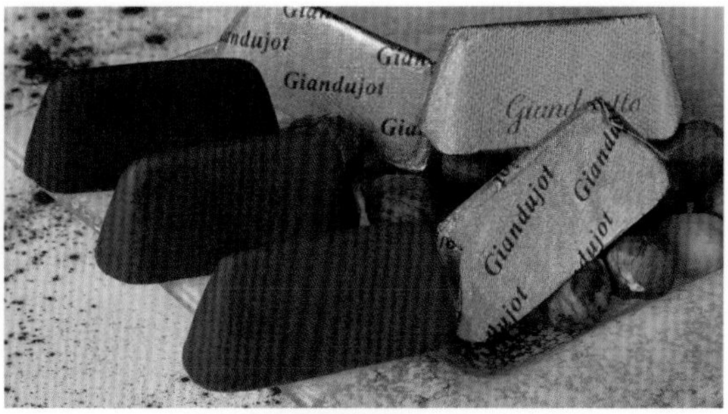

トリノのランドマーク的建造物モーレ・アントネッリアーナ Mole Antonelliana（映画博物館）と、当地名物のジャンドゥイオッティ。トリノは「チョコレートの町」であり、市内には数多くのチョコレート販売店がある。

Grammatica 10

64 1 過去分詞

過去分詞は単独で形容詞として、あるいは助動詞と組み合わせて複合形をつくるときに使います。

動詞の種類		不定詞		過去分詞
-are 動詞	-are → **-ato**	cant**are**	→	cant**ato**
-ere 動詞	-ere → **-uto**	ten**ere**	→	ten**uto**
-ire 動詞	-ire → **-ito**	fin**ire**	→	fin**ito**

＊-cere / -scere の場合は -ciuto / -sciuto となります。

【例外的な過去分詞の例】

fare	fatto	**leggere**	letto	**scrivere**	scritto
bere	bevuto	**mettere**	messo	**vedere**	visto
chiedere	chiesto	**prendere**	preso	**vincere**	vinto
chiudere	chiuso	**ridere**	riso	**aprire**	aperto
cuocere	cotto	**risolvere**	risolto	**dire**	detto
decidere	deciso	**rispondere**	risposto	**offrire**	offerto

65 2 直説法近過去（1）

過去のある時点における完了・経験を表すのが「近過去」です。

直説法近過去（1）＝ 助動詞 avere の直説法現在 + 過去分詞

cantare		【否定】cantare	
ho cantato	abbiamo cantato	**non** ho cantato	**non** abbiamo cantato
hai cantato	avete cantato	**non** hai cantato	**non** avete cantato
ha cantato	hanno cantato	**non** ha cantato	**non** hanno cantato

Silvia **ha comprato** questa macchina due anni fa.　シルヴィアは2年前にこの車を買った。

Stamattina **ho preso** un caffè prima di venire in ufficio.　今朝、私はオフィスに来る前にコーヒーを飲んだ。

Avete finito il vostro lavoro?　あなたたち、仕事は終わりましたか？

― No, non l'**abbiamo** ancora **finito**.　いいえ、まだそれを終えていません。

Esercizi 10

1 ＿＿に過去分詞を書きましょう。

1) lavorare ______________
2) vedere ______________
3) fare ______________
4) scrivere ______________
5) dormire ______________
6) prendere ______________
7) mettere ______________
8) mantenere ______________
9) aprire ______________
10) pranzare ______________

2 [　] の動詞を近過去に活用し、＿＿に書きましょう。

1) Tu ______________ ______________ bene? [dormire]
2) Voi ______________ già ______________ i biglietti del treno? [comprare]
3) L'altro ieri noi ______________ ______________ un film italiano. [vedere]
4) Oggi io ______________ ______________ molto. [lavorare]

3 [　] の動詞を近過去（否定形）に活用し、＿＿に書きましょう。

1) Voi ___________ ___________ ___________ bene? [non capire]
2) Tu ___________ ___________ ancora ___________ ai tuoi genitori? [non scrivere]
3) Marco ___________ ___________ ___________ niente. [non dire]
4) Stamattina io ___________ ___________ ___________ colazione. [non fare]

4 イラストを見ながら音声を聞いて、＿＿にイタリア語を書きとりましょう。 66

1) Avete capito le domande?
　— Sì, le ______________ ______________.
2) Non hai visto i miei fratelli?
　— Sì, li ______________ ______________ a scuola.
3) ______________ già ______________ merenda?
　— Lui sì, ma gli altri non ancora.
4) Ieri sera, ______________ ______________ bene?
　— No, non ho potuto dormire molto.

Lezione 11

Il treno è arrivato in ritardo...

目標　過去のことを説明できる②

67 **Dialogo 11**

お店の休業日に、今度はヴェネツィアへとやってきた Ren。ただならぬ数の観光客に驚いて、Chiara に電話しています。一体、何かあるのでしょうか……？

Chiara ： Pronto, Ren. Fai un giro in città?

Ren ： No, sono ancora alla stazione. Il treno è arrivato in ritardo...

Chiara ： Peccato! Comunque come è stato il viaggio in treno?

Ren ： Mi è piaciuto abbastanza ma... quanta gente!

Chiara ： Immagino, nel periodo del Carnevale...

Vocaboli / Espressioni 11

過去の経験・出来事を言う②【essere + 過去分詞】～した → Il treno è arrivato in ritardo...

Sono già arrivato. もう着いたよ。　Non sono ancora arrivato. まだ着いてないよ。

in / a gennaio 1月に　febbraio 2月　marzo 3月　aprile 4月　maggio 5月　giugno 6月

luglio 7月　agosto 8月　settembre 9月　ottobre 10月　novembre 11月　dicembre 12月

in / di primavera 春に　in / d'estate 夏に　autunno 秋　inverno 冬

Lettura 11 - Il Carnevale

68

ヴェネツィアといえば「ゴンドラ」が有名ですが、実は「カーニバル」でも有名なのです。

La città di Venezia, la Regina dell'Adriatico, è stata per più di 1.000 anni la capitale della Repubblica di Venezia. Si è sviluppata sulla laguna, ed è giustamente fiera del proprio patrimonio, tra cui sono notevoli anche alcuni beni culturali immateriali. È difficile citarne solo uno, ma merita menzione il carnevale di Venezia.

La parola carnevale deriva dal latino *carnem levare*, vuol dire "eliminare la carne", ciò indica il banchetto che precede il periodo di astinenza e digiuno. Si celebra anche in altre città e di solito il festeggiamento assume un aspetto gioioso, con parate e maschere. A Venezia, tuttavia, questa festa si svolge in un modo molto particolare: la gente si raduna indossando costumi unici e molto raffinati, e contribuisce a creare, insieme all'aspetto della città storica, un'atmosfera solenne e misteriosa. Così ormai il Carnevale di Venezia è diventato uno spettacolo vero e proprio.

Cultura 11 - ヴェネツィア

ヴェネツィア Venezia は、イタリア北東部に位置するヴェネト州 Veneto の州都で、人口約26万人の都市です。ヴェネツィアという地名は、紀元前4世紀頃に当地にあったウェネティ人の集落を、ローマ人たちが「ウェネティア」*Venetia* と呼んだことに由来します。世界的に知られた「水の都」で、訪問する観光客数はイタリア国内でもトップクラス。また、古くから海上貿易を中心として栄えてきたこともあって、市内の交通手段は全て船舶となります。海上都市ゆえに魚介を使った料理が豊富であり、中でもイカ墨を使ったパスタやリゾットは有名です。また、日本でもお馴染みのティラミス Tiramisù は、ヴェネツィア発祥のドルチェです。

ヴェネツィアの中心地サン・マルコ広場と、カーニバルの衣装。仮面をつけることで素性を隠し、貴族や平民といった身分の差に関係なく、みんなが一緒にカーニバルを楽しんだことに由来する。

Grammatica 11

1 直説法近過去（2）

69

一部の自動詞は助動詞に essere を用います。助動詞に essere を使う場合、過去分詞の語尾を主語に性数一致させるというルールがあります。

直説法近過去（2）＝ 助動詞 essere の直説法現在 + 過去分詞

andare		【否定】andare	
sono andato sono andata	siamo andati siamo andate	non sono andato non sono andata	non siamo andati non siamo andate
sei andato sei andata	siete andati siete andate	non sei andato non sei andata	non siete andati non siete andate
è andato è andata	sono andati sono andate	non è andato non è andata	non sono andati non sono andate

L'anno scorso **sono andata** in Italia con le amiche.　昨年、私は友人たちとイタリアに行った。

Ieri non **sono andati** all'università.　昨日、彼らは大学に行かなかった。

【助動詞に essere をとる動詞の例】

andare	andato	essere	stato	partire	partito
arrivare	arrivato	nascere	nato	salire	salito
entrare	entrato	scendere	sceso	uscire	uscito
stare	stato	morire	morto	venire	venuto

2 再帰動詞の近過去

70

再帰動詞を近過去にする場合、助動詞は常に essere を用います。過去分詞の語尾は、主語に性数一致させます。

【再帰代名詞 + essere + 過去分詞】

alzarsi		【否定】alzarsi	
mi sono alzato mi sono alzata	ci siamo alzati ci siamo alzate	non mi sono alzato non mi sono alzata	non ci siamo alzati non ci siamo alzate
ti sei alzato ti sei alzata	vi siete alzati vi siete alzate	non ti sei alzato non ti sei alzata	non vi siete alzati non vi siete alzate
si è alzato si è alzata	si sono alzati si sono alzate	non si è alzato non si è alzata	non si sono alzati non si sono alzate

Esercizi 11

1 ＿＿に過去分詞を書きましょう。

1) essere ________
2) scendere ________
3) andare ________
4) stare ________
5) venire ________
6) uscire ________
7) morire ________
8) partire ________
9) salire ________
10) nascere ________

2 [　] の動詞を近過去に活用し、＿＿に書きましょう。

1) Lui ________ ________ nel 2002. [nascere]
2) Gli studenti ________ ________ dall'Italia il mese scorso. [tornare]
3) Anna ________ ________ a casa per studiare. [restare]
4) Io e Marco non ________ ________. [uscire]
5) Non ti ________ ________ le lasagne? [piacere]
6) Vi ________ ________ la festa? [piacere]

3 [　] の動詞を近過去に活用し、＿＿に書きましょう。

1) A che ora ________ ________ ________ tu e tuo fratello? [alzarsi]
2) Leonardo ________ ________ già ________. [lavarsi]
3) Alla festa io e i miei amici ________ ________ ________ tanto. [divertirsi]
4) Mia madre e mia zia ________ ________ ________ al bar. [vedersi]

4 イラストを見ながら音声を聞いて、＿＿にイタリア語を書きとりましょう。 71

1) Non ________ mai ________ in America, e tu?
— Neanch'io ci sono mai stata.

2) ________ ________ sulla torre?
— No, purtroppo non ho avuto tempo.

3) A che ora ________ ________?
— Siamo arrivati venti minuti fa.

4) ________ ________ già ________?
— No, dormono ancora.

Lezione 12

Era molto affascinante!

目標　過去の状況を描写できる。

72 **Dialogo 12**

Ren が日本に帰る日が近づいてきました。さみしさを隠せない Ren に、Chiara たちが準備したサプライズとは……

Matteo : Come era il Carnevale di Venezia?

Ren : Era molto affascinante! Tutte le città che ho visitato erano bellissime. Purtroppo devo tornare in Giappone fra poco. Sono triste...

Chiara : Ma dai! Oggi viene l'amico di cui ti ho parlato prima. È un famoso cuoco e prepara un piatto speciale per te!

Vocaboli / Espressioni 12

過去の状況を言う【動詞の半過去形】～だった、～していた → Era molto affascinante!

【C'era + 単数名詞 / C'erano + 複数名詞】～があった、～がいた

→ Quando ero piccolo, c'era una banca qui, ma ora non c'è più.

prima 以前は　ora / adesso 今は　da piccolo/a/i/e 子どもの頃は　da giovane/i 若い頃は

Era l'una. 1時だった。　Erano le due. 2時だった。　Avevo 20 anni. 私は20歳だった。

▶Lettura 12 - La lingua italiana

73

イタリア語がイタリア国内の公用語として使われるようになったのは、19世紀前半の時期です。

Nel Medioevo in Italia la gente comune parlava in volgare, cioè nel proprio dialetto regionale, mentre nel mondo ecclesiastico e colto si preferiva il latino, ritenuto più idoneo per la stesura di atti ufficiali o per la composizione di poesie.

È a questa consuetudine che si oppone Dante, dimostrando che è possibile portare il volgare all'altezza della composizione letteraria. Nel XIV secolo si afferma la lingua fiorentina, ma occorre ancora molto tempo perché essa sia riconosciuta come lingua italiana. È solo con Manzoni[1], infatti, e con il suo contributo all'unità linguistica, che nella prima metà del XIX secolo si raggiunge il consenso e il fiorentino diventa "lingua comune" almeno nello scritto. Nel parlato fino al secondo dopoguerra permane l'uso dei dialetti, ancora oggi in parte vivi in tutta Italia.

1) Manzoni レッサンドロ・マンゾーニ（1785-1873）は、イタリアの詩人・作家。主著は『いいなづけ』*I promessi sposi*。

Cultura 12 – イタリアの言語的多様性

小さな都市国家が集まってできたイタリアは、地域ごとに多様な言語的側面を持ちます。基本的には「イタリア語＋地域の方言」という組み合わせですが、イタリア北部の他国と国境を接している地域では「イタリア語＋他国の言語」という組み合わせも見られます。たとえば、ヴァッレ・ダオスタ特別自治州 Valle d'Aosta の都市アオスタ Aosta ではイタリア語とフランス語が、トレンティーノ＝アルト・アディジェ州 Trentino Alto Adige の都市ボルツァーノ Bolzano ではイタリア語とドイツ語が併用されていたりします。イタリアはイタリア語を共通語としていますが、国内では様々な言語や方言が使用されており、1つの言葉に留まらない言語的多様性を持つ国であるといえるでしょう。

アオスタで見かける「イタリア語／フランス語表記」の店舗看板（左）と、ボルツァーノで見かける「ドイツ語／イタリア語表記」の消防団詰所の掛札（右）。

Grammatica 12

74

1 直説法半過去

過去のある時点での状況を説明するには、「半過去」という形を使います。

		cantare	prendere	dormire	finire	essere	avere
単数	1人称	cantavo	prendevo	dormivo	finivo	ero	avevo
	2人称	cantavi	prendevi	dormivi	finivi	eri	avevi
	3人称	cantava	prendeva	dormiva	finiva	era	aveva
複数	1人称	cantavamo	prendevamo	dormivamo	finivamo	eravamo	avevamo
	2人称	cantavate	prendevate	dormivate	finivate	eravate	avevate
	3人称	cantavano	prendevano	dormivano	finivano	erano	avevano

【半過去の用法】

過去の状態や状況説明	Quando sono tornato a casa, mia mamma **cucinava**. 私が帰宅した時、母は料理をしていた。
過去の習慣的行動	Da bambini **bevevamo** il latte ogni mattina. 子どもの頃、私たちは毎朝牛乳を飲んでいた。
複数行為の同時進行	Mentre **studiava**, suo padre **leggeva**. 彼が勉強している間、父は新聞を読んでいた。

75

2 関係代名詞（che / cui）

先行詞 の内容を、後ろから説明します。

che 主語	Ho un amico. 私には友人がいます。 L'amico abita a Roma. 友人がローマに住んでいます。	→	Ho un amico **che** abita a Roma. 私にはローマに住んでいる友人がいます。
che 直接目的語	Ti faccio vedere le foto. 私は君に写真を見せます。 Ho scattato le foto. 私は写真を撮りました。	→	Ti faccio vedere le foto **che** ho scattato. 私は君に私が撮った写真を見せます。
cui 直接目的語以外の補語	【前置詞 + cui】（a cui, da cui, di cui, in cui, per cui, su cui...）という形になる。		
	Questo è un film. これは映画です。 Parla spesso **di** quel film. 彼がその映画についてよく話しています。	→	Questo è un film **di cui** parla spesso. これは彼がよく話している映画です。

Esercizi 12

1 [ ] の動詞を半過去に活用し、____に書きましょう。

1) Ieri __________ bel tempo. [fare]
2) Prima io non __________ soldi, __________ povera. [avere / essere]
3) Prima io non __________ sportivo, mi __________ leggere. [essere / piacere]
4) Quando noi __________ giovani, __________ spesso. [essere / sentirsi]

2 日本語の意味になるよう、[ ] の動詞を半過去に活用し、____に書きましょう。

1) la ragazza di cui __________ spesso [parlare] 君がよく話題にしていた女の子
2) il dentista da cui __________ [andare] 彼らが行っていた歯医者さん
3) l'università che __________ [frequentare] 彼女が通っていた大学
4) l'ufficio in cui __________ [lavorare] 私が働いていたオフィス

3 日本語の意味になるよう、____に関係代名詞を書きましょう。

1) il computer __________ ha comprato 彼が買ったコンピュータ
2) un cane __________ si chiama "Sushi" 「すし」という名前の犬
3) la ragione __________ non è venuto 彼が来なかった理由
4) gli amici __________ esco spesso 私がよく一緒に出かける友人たち

4 イラストを見ながら音声を聞いて、____にイタリア語を書きとりましょう。 76

1) Ieri sera ti ho telefonato alle otto, ma non c' ________________.
2) Mentre Anna ________________ la cena, i suoi figli ________________ i compiti.
3) Ieri a quest'ora io ________________ la tv.
4) ________________ arrivare alla stazione prima delle 9 ma non ce l'ho fatta.

Grammatica supplementare

1 分詞とジェルンディオ

分詞は動詞からつくられ、形容詞の性質をもちます。ジェルンディオは分詞の仲間で、副詞の性質をもちます。いずれも人称変化しないのが特徴です。

❶ 過去分詞（Cf. Lezione 10）

❷ 現在分詞

現在分詞も、過去分詞と同じ「動詞から派生した形容詞の一種」です。作り方には、規則的ないくつかのパターンがありますが、中には例外的な形もあります。

動詞の種類	原形		現在分詞
are 動詞	cantare	→	cantante
ere 動詞	tenere	→	tenente
ire 動詞	finire	→	finente

例外）convenire → conveniente　bere → bevente　dire → dicente　fare → facente など

イタリア語の現在分詞は、基本的に動詞としてはたらくことはありません。現在分詞の中には、名詞や形容詞として使われるものがあります。 insegnare-insegnante / cantare-cantante / brillare-brillante
英語における現在分詞の役割は、イタリア語ではジェルンディオが担います。

❸ ジェルンディオ

進行形や副詞句（従属節の代わり：英語の分詞構文）の構文を作ります。進行形は、stare＋ジェルンディオ単純形です。副詞句（従属節の代わり）となるジェルンディオの形態には、単純形と複合形があります。単純形はジェルンディオだけで構成され、主節との同時性を示します。複合形は【助動詞（avere / essere）ジェルンディオ＋過去分詞】の組合せで構成され、主節以前のできごとを示します。

動詞の種類	不定詞		ジェルンディオ
are 動詞	cantare	→	cantando
ere 動詞	tenere	→	tenendo
ire 動詞	finire	→	finendo

例外）bere → bevendo　dire → dicendo　fare → facendo など

	助動詞 avere の例	助動詞 essere の例
単純形（現在形）	cantando	andando
複合形（過去形）	avendo cantato	essendo andato/a/i/e

❹ ジェルンディオの用法

進行形	stareと組み合わせて進行中の動作を示す	Cosa **stai facendo?** — **Sto leggendo**. 「今、何してるの？」「読書してるところ」　現在進行形（≒現在形 fai / leggo） Mia madre **stava cucinando**, quando sono tornato a casa. 私が帰宅したとき、母は料理をしていた。　過去進行形（≒半過去形 cicinava）
副詞句（従属節の働き）英語の分詞構文	時「～する時」	**Andando** dai nonni, portiamo sempre i dolci che gli piacciono. 祖父母の家に行く時は、いつも彼らの好物のお菓子をもっていく。
	状況「～しながら」	**Tornando** a casa, abbiamo visto un incidente. 私たちは家に帰る途中で、事故を目撃した。
	条件「～すれば」	**Avendo** più soldi, comprerei quella macchina. もっとお金があれば、あの車を買うのにな。
	手段「～することで」	**Andando** diritto, troverà subito l'ufficio postale. まっすぐ行けば、すぐに郵便局が見つかりますよ。
	理由「～なので」	Non **avendo** soldi, non è uscita. お金がなかったので、彼女は出かけなかった。
	譲歩 (pur...)「～だとしても」	Pur non **avendo** fame, è andato al ristorante con gli amici. 彼はお腹が空いていなかったが、友人たちとレストランに行った。

ポイント

1. 進行形は、特に進行中であることを強調するとき以外は、現在形や半過去形で表すことができます。

2. 進行形で stare の代わりに andare / venire を使うこともあります。この場合、反復・継続（andare：繰り返し～している／していた）や段階的展開（venire：～していく／していった）を表します。

3. 副詞句のジェルンディオは、「接続詞＋動詞の変化形」で示される従属節と同じ働きをします。このジェルンディオ構文を訳す際には、適切と思われる接続詞を補って意味を考えます。

4. ジェルンディオの主語は主節の動詞と同じです。もし別の主語をもつ場合は、ジェルンディオの後に置かれます。
   Arrivando **l'autunno**, faremo molti viaggi.　秋になれば、たくさん旅行をするつもりです。

5. 補語代名詞を使う場合、ジェルンディオの後ろに結合します。
   Salutando**mi**, sorridevano.　私に挨拶した時、彼らは微笑んでいた。

6. ジェルンディオ単純形の時制は、主節の動詞と同じと考えます。
   ジェルンディオ複合形の場合は、主節で表されるできごとよりも前に終わっていると考えます。
   Avendo finito gli esami, mi sento bene.　試験が終わったので、気分がいい。
   Avendo lavorato molto, mi sentivo esaurita.　すごく働いたので、疲れ切っていた。
   Essendo guarita, ho ricominciato a lavorare.　病気から回復したので、仕事を再開した。

2 比較級・最上級

形容詞と副詞には、比較級と最上級があります。

❶ 比較級

比較級には、優等比較、同等比較、劣等比較の3パターンがあります。

【優等比較級】(〜より…だ) più ... di / che + 比較対象	Enrica è più **alta** di Marco. エンリカはマルコより背が高い。
【同等比較級】(〜と同じくらい…だ) tanto ... quanto + 比較対象 così ... come + 比較対象	Paolo è tanto **alto** quanto Roberto. パオロはロベルトと同じくらい背が高い。
【劣等比較級】(〜ほど…ではない) meno ... di / che + 比較対象	Marco è meno **alto** di Enrica. マルコはエンリカほど背が高くない。

ポイント

1. 主語を他の人・物と比較したい時は di を、主語以外の名詞どうしや「〜」「…」に入るものどうし（形容詞、副詞、前置詞句、動詞の原形など）を比較したい時は che を使います。
   Silvia studia più la **matematica** che la **scienza** naturale.　シルヴィアは理科よりも数学を勉強している。
   È più **sprecone** che **generoso**.　彼は気前がいいというよりも金遣いが荒い。
   Vado più volentieri **in montagna** che **al mare**.　私は海より山に行きたい。
   Andare a teatro costa molto più che **guardare** la tv.　劇場に行くとテレビを見るよりずっとお金がかかる。

❷ 相対最上級

相対最上級には優等最上、劣等最上の2パターンがあります。

【優等最上級】(〜の中で最も…だ) 定冠詞 + più ... di + 比較範囲	Enrica è la più **alta** di questo gruppo. エンリカはこのグループの中で最も背が高い。
【劣等最上級】(〜の中で最も…ではない) 定冠詞 + meno ... di + 比較範囲	Marco è il ragazzo meno **attivo** della classe. マルコはクラスで最も活動的ではない少年だ。

ポイント

1. 比較範囲が複数形で表される場合、di 以外に fra も使うことができます。
   La nonna è la più allegra di tutti i miei parenti.　おばあちゃんが親戚の中でいちばん陽気だ。
   La nonna è la più allegra fra tutti i miei parenti.　おばあちゃんが親戚の中でいちばん陽気だ。
2. 定冠詞は名詞に対して性数一致します。
   Roma è una delle città più attraenti del mondo.　ローマは世界でも特に人を惹きつける街の1つだ。
   Questo è uno dei ristoranti più conosciuti della città.　これは街でいちばん有名なレストランの1つだ。

❸ 絶対最上級

絶対最上級は、語尾が -ssimo になります。「たいへん〜」という意味で、比較範囲は示されません。形容詞の絶対最上級の場合は、語尾を名詞に対して性数一致させます。

La musica che abbiamo ascoltato ieri era **bellissima**.　昨日私たちが聴いた音楽は、本当に素晴らしかった。
La musica che abbiamo ascoltato ieri era molto bella.　昨日私たちが聴いた音楽は、とても素晴らしかった。

❹ 特殊な比較級・最上級

形容詞や副詞の中には、通常の形に加えて特殊な形の比較級と最上級をもつものがあります。

原級	比較級	相対最上級	絶対最上級
buono	migliore	il migliore	ottimo
cattivo	peggiore	il peggiore	pessimo
grande	maggiore	il maggiore	massimo
piccolo	minore	il minore	minimo
bene	meglio	ー	benissimo
male	peggio	ー	malissimo

ポイント

1. 形容詞は名詞に対する性数一致があります。表の中の形は男性単数名詞を修飾する時の形です。

2. 一般的に、特別な形は抽象的な意味を表すとされます。例えば、物理的な大・小に特別な形（maggiore / minore）は使われず、通常の形（più grande / più piccolo）が使われます。ただし年齢を言う際は特別な形が望ましいとされつつ通常の形もよく使われるなど、区別が曖昧な場合もあります。

3 直説法未来・先立未来

❶ 直説法未来

未来形は、未来における行為、現在の推量、軽い命令を表すときに使われます。

未来の行為：現在形	Umberto **viene** all'università domani.　明日、ウンベルトは大学に来る。
未来の行為：未来形	Umberto **verrà** all'università domani.　明日、ウンベルトは大学に来る。
現在の事実：現在形	**Sono** le tre.　（今は）3時です。
現在の推測：未来形	**Saranno** le tre.　（今は）3時くらいじゃないかな。

◆直説法未来の活用パターン

		cantare	prendere	dormire	essere	avere
単数	1人称	canterò	prenderò	dormirò	sarò	avrò
	2人称	canterai	prenderai	dormirai	sarai	avrai
	3人称	canterà	prenderà	dormirà	sarà	avrà
複数	1人称	canteremo	prenderemo	dormiremo	saremo	avremo
	2人称	canterete	prenderete	dormirete	sarete	avrete
	3人称	canteranno	prenderanno	dormiranno	saranno	avranno

◆例外的な語幹を持つ動詞の一例

andare → andrò	dare → darò	fare → farò	venire → verrò
stare → starò	volere → vorrò	potere → potrò	dovere → dovrò

【直説法未来の用法】

未来の行為	Quando **finirete** il vostro lavoro?　あなたたちは、いつ仕事を終えるつもりなのか？
現在の推測	Marco **avrà** 30 anni.　マルコは30歳くらいだろう。
軽い命令	**Aiuterai** tua mamma.　お母さんのことを手伝ってあげてね。

❷ 直説法先立未来

直説法先立未来は、助動詞 avere / essere の直説法未来と過去分詞を組み合わせ、未来のある時点を基準として、それよりも前に完了している行為や状態を表すときに使われる未来完了の形です。また過去の推測の意味で使われることもあります。助動詞 avere と essere の使い分けは、Lezione 10および11で学んだ直説法近過去と全く同じルールです。

直説法先立未来（1）＝ **助動詞 avere の直説法未来 ＋ 過去分詞**

直説法先立未来（2）＝ **助動詞 essere の直説法未来 ＋ 過去分詞**

Avranno finito il loro lavoro a mezzogiorno.　正午には、彼らは仕事を終えてしまっているだろう。
Rebecca tornerà a casa dopo che **sarà andata** alla posta.　レベッカは郵便局に行った後に帰宅するだろう。

過去の事実	Sono già le nove. **Hanno cenato**.　もう9時だ。彼らは夕食を済ませた。
過去の推測	Sono già le nove. **Avranno cenato**.　もう9時だ。彼らは夕食を済ませただろう。
過去の事実	**Erano** le otto quando sono arrivato a casa.　家に着いたのは8時だった。
過去の推測	**Saranno state** le otto quando sono arrivato a casa.　家に着いたのは8時頃だっただろう。

4 直説法大過去

直説法大過去は、助動詞 avere / essere の直説法半過去と過去分詞を組み合わせ、過去のある時点を基準として、それよりも前に完了している行為や状態を表すときに使われる過去完了の形です。助動詞 avere と essere の使い分けは、Lezione 10および11で学んだ直説法近過去と全く同じルールです。

直説法大過去（1）＝ **助動詞 avere の直説法半過去 ＋ 過去分詞**

直説法大過去（2）＝ **助動詞 essere の直説法半過去 ＋ 過去分詞**

Avevo finito la cena alle sette ieri sera.　昨夜、私は7時の時点で（すでに）夕食を終えてしまっていた。
Quando è arrivata, **eravamo** già **usciti**.　彼女が到着した時、私たちはすでに出かけてしまっていた。

5 直説法遠過去・先立過去

❶ 遠過去

直説法遠過去は、近過去に対して「遠い昔」の事柄を表すときに使われる過去形です。ここでいう「遠い昔」とは、時間的な遠さではなく、心理的な遠さのことを示しています。つまり遠過去は、近過去と比べて「現在との繋がりがないと自分が判断する過去」に完結した動作や状態を表します。

◆直説法遠過去の活用パターン

		cantare	prendere	dormire	essere	avere
単数	1人称	cantai	prendei (prendetti)	dormii	fui	ebbi
	2人称	cantasti	prendesti	dormisti	fosti	avesti
	3人称	cantò	prendé (prendette)	dormì	fu	ebbe
複数	1人称	cantammo	prendemmo	dormimmo	fummo	avemmo
	2人称	cantaste	prendeste	dormiste	foste	aveste
	3人称	cantarono	prenderono (prendettero)	dormirono	furono	ebbero

◆不規則変化をする動詞の一例（avere と同じ活用パターン）

dare	dire	mettere	stare	vedere	venire
diedi (detti)	dissi	misi	stetti	vidi	venni
desti	dicesti	mettesti	stesti	vedesti	vedesti
diede (dette)	disse	mise	stette	vide	venne
demmo	dicemmo	mettemmo	stemmo	vedemmo	vedemmo
deste	diceste	metteste	steste	vedeste	vedeste
diedero (dettero)	dissero	misero	stettero	videro	vennero

【直説法遠過去の用法】

行為	Dante scrisse *la Divina Commedia*.　ダンテは『神曲』を書いた。
史実	L'unità d'Italia ebbe luogo nel 1861.　イタリア統一は1861年に起こった。

❷ 直説法先立過去

直説法先立過去は、助動詞 avere / essere の直説法遠過去と過去分詞を組み合わせ、遠過去で示された過去のある時点を基準として、その直前に完了した行為や状態を表すときに使われる過去完了形です。助動詞 avere と essere の使い分けは、Lezione 10および11で学んだ直説法近過去と全く同じルールです。

直説法先立過去（1）＝ **助動詞 avere の直説法遠過去 ＋ 過去分詞**

直説法先立過去（2）＝ **助動詞 essere の直説法遠過去 ＋ 過去分詞**

ポイント

1. 先立過去は、次の３つの条件が揃った時のみ使われます。
   - ・主節の動詞が遠過去
   - ・時の接続詞に導かれる従属節中：dopo che... / quando... / (non) appena...
   - ・主節のできごとの直前に完了

   Appena la lezione fu finita, Roberto **tornò** a casa.　授業が終わるやいなや、ロベルトは帰宅した。

6 条件法

❶ 条件法単純形

条件法単純形は、特定の条件下において起こりうることを表すときに使われる叙法です。また、婉曲表現や推測表現としても使われます。活用形の語幹は、直説法未来と同じです。

予定	Umberto **viene** all'università domani.　明日、ウンベルトは大学に来る。 Umberto **verrà** all'università domani.　明日、ウンベルトは大学に来る。
可能性	Umberto **verrebbe** all'università domani.　明日、ウンベルトは大学に来るかもしれない。

◆条件法単純形の活用パターン

		cantare	prendere	dormire	essere	avere
単数	1人称	canterei	prenderei	dormirei	sarei	avrei
	2人称	canteresti	prenderesti	dormiresti	saresti	avresti
	3人称	canterebbe	prenderebbe	dormirebbe	sarebbe	avrebbe
複数	1人称	canteremmo	prenderemmo	dormiremmo	saremmo	avremmo
	2人称	cantereste	prendereste	dormireste	sareste	avreste
	3人称	canterebbero	prenderebbero	dormirebbero	sarebbero	avrebbero

◆例外的な語幹を持つ動詞の一例

andare → **andrei**	dare → **darei**	fare → **farei**	venire → **verrei**
stare → **starei**	volere → **vorrei**	potere → **potrei**	dovere → **dovrei**

【条件法単純形の用法】

可能性	Oggi **mangerei** il pesce.　今日は魚にしたいな。(「魚を食べる」という可能性がある) Stasera non **uscirei**.　今夜は出かけないつもりだけど。(「外出しない」という可能性がある)
仮定文	Senza il tuo aiuto, non **finirei** questo lavoro. 君の助けがなければ、私はこの仕事を終えられないだろうに。
伝聞	Secondo il meteo, **farebbe** bello domani.　天気予報によれば、明日は晴れるらしいよ。
婉曲	**Vorrei** fare una domanda.　1つ質問したいのですが。 **Potrebbe** farmi un caffè?　コーヒーを1杯、淹れていただけますでしょうか。
断定保留	**Dovrebbe** essere a causa del maltempo.　悪天候が原因のはずではないでしょうか。

❷ 条件法複合形

条件法複合形は、助動詞 avere / essere の条件法単純形と過去分詞を組み合わせ、過去に実現しなかった事柄や、現在・未来において実現の可能性がない事柄に対して使われます。さらに、従属節中で過去から見た未来（過去未来）を表す際にも使われます。助動詞 avere と essere の使い分けは、Lezione 10および11で学んだ直説法近過去と全く同じルールです。

条件法複合形（1）＝ **助動詞 avere の条件法単純形 ＋ 過去分詞**

条件法複合形（2）＝ **助動詞 essere の条件法単純形 ＋ 過去分詞**

過去に実現しなかった事柄	**Avresti dovuto** farmi sapere lo sciopero in anticipo. ストがあると、君は予め私に教えるべきだったのに。
現在・未来における 実現可能性がない事柄	Stasera **sarei uscito**, ma non ho finito il lavoro. 今夜出かけたかったが、仕事が終わっていない。
過去における未来	Mi ha detto che **sarebbe tornato** subito, ma non ce l'ha fatta. 彼はすぐに戻ると言ったが、できなかった。

7 接続法

接続法は、主節の後に che で導かれる従属節の中で使われ、主節が願望、可能性、危惧、疑念などの主観的な事柄を表す叙法のことです（主節と従属節という2つの文が che で接続されています）。

直説法（叙事的）…… 客観的で確かな事柄、疑う余地のない事実として述べる。
接続法（叙情的）…… 主観的で不確実な事柄、これから起こりうる可能性として述べる。

【接続法の用法】

願望・祈願	Voglio che lui **venga** domani.　明日彼が来ることを、私は望んでいます。
疑念・推定	Penso che l'esame finale **sia** difficile.　期末試験は難しい、と思う。
感情	È peccato che tu **parti** la settimana prossima. 来週君が旅立ってしまうことが、残念です。
可能性	È possibile che io **prenda** le vacanze in luglio. 私が7月に休暇を取ることは、ありうる。

volere che、pensare che などの主観的な思いを表す動詞、essere peccato che、essere possibile che などの非人称構文、あるいは特定の接続詞（affinché, nonostante, purché, senza che, prima che...）など、接続法を導く特定表現の後に導かれる従属節の中では、動詞が接続法で活用されます。そのため、どのような表現のあとに接続法の活用が使用されるのかを、あらかじめ頭に入れておく必要があります。
なお、主節が主観的な思い・願望・恐れ等を表す場合の従属節（volere che, penso che...）に関しては、直説法が使われることも多くなっています。特定の接続詞の後や非人称構文（è ＋形容詞＋che 節など）では、必ず接続法にします。

【接続法】Voglio che lui **venga** domani. ／【直説法】Voglio che lui **viene** domani.
私は明日彼が来ることを望む。
【接続法】Penso che l'esame finale **sia** difficile. ／【直説法】Penso che l'esame finale **sarà** difficile.
私は、期末試験が難しいものになると思う。

❶ 接続法現在

接続法現在は、主節の動詞が現在形であり、従属節で表される内容が主節の内容と同時かそれ以後である場合に使われます。

◆接続法現在の活用パターン

		cantare	prendere	dormire	finire	essere	avere
単数	1人称	canti	prenda	dorma	finisca	sia	abbia
	2人称	canti	prenda	dorma	finisca	sia	abbia
	3人称	canti	prenda	dorma	finisca	sia	abbia
複数	1人称	cantiamo	prendiamo	dormiamo	finiamo	siamo	abbiamo
	2人称	cantiate	prendiate	dormiate	finiate	siate	abbiate
	3人称	cantino	prendano	dormano	finiscano	siano	abbiano

【直説法】 Lui **è** italiano.
彼はイタリア人だ。
→ 【接続法】 Credo che sia italiano.
彼はイタリア人だと思う。

【直説法】 Domani **farà** bel tempo.
明日は良い天気になる。
→ 【接続法】 Mi sembra che domani faccia bel tempo.
明日は良い天気になるような気がする。

【従属節が主節と同時】 主節＝直説法現在、従属節＝接続法現在	Credo che sia italiano. （今）彼はイタリア人だと（今）思う。
【従属節が主節よりも以後】 主節＝直説法現在、従属節＝接続法現在	Mi sembra che domani faccia bel tempo. （未来の）明日は良い天気になるような気が（今）する。

❷ 接続法過去

接続法過去は、助動詞 avere / essere の接続法現在と過去分詞を組み合わせてつくります。助動詞 avere と essere の使い分けは、Lezione 10および11で学んだ直説法近過去と全く同じルールです。主節の動詞が現在形であり、従属節で表される内容が主節の内容以前に終わっているときに使われます。

接続法過去（1）＝ **助動詞 avere の接続法現在 ＋ 過去分詞**

接続法過去（2）＝ **助動詞 essere の接続法現在 ＋ 過去分詞**

Penso che l'esame finale sia stato difficile.　期末試験は難しかった、と思う。
直説法現在　接続法過去

【従属節が主節よりも以前】 主節＝直説法現在、従属節＝接続法過去	Può darsi che ieri abbiano dato l'esame. 彼らは（過去の）昨日試験を受けたかもしれない （と今思える）。

❸ 接続法半過去

接続法半過去は、主節の動詞が過去形あるいは条件法であり、従属節で表される内容が主節と同時かそれ以後である場合に使われます。

◆接続法半過去の活用パターン

		cantare	prendere	dormire	essere	avere
単数	1人称	cantassi	prendessi	dormissi	fossi	avessi
	2人称	cantassi	prendessi	dormissi	fossi	avessi
	3人称	cantasse	prendesse	dormisse	fosse	avesse
複数	1人称	cantassimo	prendessimo	dormissimo	fossimo	avessimo
	2人称	cantaste	prendeste	dormiste	foste	aveste
	3人称	cantassero	prendessero	dormissero	fossero	avessero

Pensavo che l'esame finale fosse difficile.　期末試験は難しい、と思っていた。
直説法半過去　接続法半過去

【従属節が主節と同時】 主節＝直説法半過去、 従属節＝接続法半過去	Credevo che fosse italiano. 彼はイタリア人だと思っていた。
【従属節が主節よりも以後】 主節＝直説法半過去、 従属節＝接続法半過去	Mi sembrava che il giorno dopo facesse bel tempo. 翌日は良い天気になるような気がしていた。

❹ 接続法大過去

接続法大過去は、助動詞 avere / essere の接続法半過去と過去分詞を組み合わせてつくります。助動詞 avere と essere の使い分けは、Lezione 10および11で学んだ直説法近過去と全く同じルールです。主節の動詞が過去形あるいは条件法であり、従属節で表される内容が主節の内容以前に終わっているときに使われます。

接続法大過去（1）＝ **助動詞 avere の接続法半過去** ＋ 過去分詞

接続法大過去（2）＝ **助動詞 essere の接続法半過去** ＋ 過去分詞

Pensavo che l'esame finale fosse stato difficile.　期末試験は難しかった、と思っていた。
直説法半過去　接続法大過去

【従属節が主節よりも以前】 主節＝直説法近過去、 従属節＝接続法大過去	Mi è parso che il giorno prima avessero dato l'esame. 彼らが前日試験を受けたように私には思えた。

8 仮定文

ある仮定のできごととその結果をセットで示すのが仮定文です。仮定することがらに対して現実に反するというニュアンスがない場合は、直説法を使います。

Se non **vieni** in ufficio, ti **telefono** dopo.　君がオフィスに来ないのなら、後で電話するよ。
Se non **pioverà** domani, **andrò** in campagna.　明日雨が降らなければ、田舎に行く。

一方、仮定に対して現実に反するというニュアンスを加える場合は、接続法＋条件法で表現します。

現在の事実に反する仮定と結果 条件節：接続法半過去 結果節：条件法単純形	Se non piovesse, andrei in campagna. もし雨が降ってなければ、田舎に行くのにな。 〈実際は雨が降っている〉
過去の事実に反する仮定と結果 条件節：接続法大過去 結果節：条件法複合形	Se fossimo arrivati prima, saremo riusciti a vederla. もし私たちがもっと早く着いていたら、彼女に会えたのに。 〈実際は遅く着いた〉

ポイント

1. 口語では過去の事実に反する仮定とその結果をいずれも直説法半過去で表現できます。

   Se **arrivavamo** prima, **riuscivamo** a vederla.

   もし私たちがもっと早く着いていたら、彼女に会えたのに。

2. 過去の事実に反する仮定とその現在における結果を示す場合など、上の組み合わせ以外の使い方もできます。

   Se avessi guadagnato più soldi, ora non lavorerei.

   もしもっとお金を稼いでいたら、今は働かないのにな。

9 命令法

命令法は、命令、依頼、勧誘などを表すときに使われる叙法です。

◆命令法の活用パターン

		cantare	prendere	dormire	finire	essere	avere
単数	1人称	—	—	—	—	—	—
	2人称	canta	prendi	dormi	finisci	sii	abbi
	3人称	canti	prenda	dorma	finisca	sia	abbia
複数	1人称	cantiamo	prendiamo	dormiamo	finiamo	siamo	abbiamo
	2人称	cantate	prendete	dormite	finite	siate	abbiate
	3人称	(cantino)	(prendano)	(dormano)	(finiscano)	(siano)	(abbiano)

再帰動詞	否定命令				
alzarsi	cantare	prendere	dormire	finire	alzarsi
—	—	—	—	—	—
alzati	Non amare	Non prendere	Non dormire	Non finire	Non ti alzare Non alzarti
si alzi	Non ami	Non prenda	Non dorma	Non finisca	Non si alzi
alziamoci	Non amiamo	Non prendiamo	Non dormiamo	Non finiamo	Non alziamoci
alzatevi	Non amate	Non prendete	Non dormite	Non finite	Non alzatevi
(si alzino)	(Non amino)	(Non prendano)	(Non dormano)	(Non finiscano)	(Non si alzino)

Buon appetito!

ボナペティート！

―おいしいイタリア語、めしあがれ―

別冊ワークブック

有田　豊
中山　明子

朝日出版社

【Lezione 1 - Grammatica】

1. 名詞の性と数

イタリア語の名詞には、性と数の区別があり、語尾の母音字が区別のポイントになります。

	単数形	複数形
男性形		
男性形または女性形		
女性形		

		単数形	複数形
男性形	席		
	レストラン		
女性形	テーブル		
	予約		

ポイント

1. 単数語尾が -o で終わるものは、多くの場合（　　　　　　）である。
2. 単数語尾が -a で終わるものは、多くの場合（　　　　　　）である。
3. 単数語尾が -e で終わるものは（　　　　　　）か（　　　　　　）のどちらかである。

2. essere の直説法現在

イタリア語の動詞は、主語の人称と単複に合わせて、（　　　　　　）させて使います。これを**「動詞の活用」**といい、活用する前の形を**「不定詞」（動詞の原形）**といいます。

essere（～である）の直説法現在				
	単数形		複数形	
1人称		私は～である		私たちは～である
2人称		君は～である		君たちは～である あなたたちは～である
3人称		彼は～である 彼女は～である		彼らは～である 彼女らは～である
		あなたは～である		

Sono studente.　私は男子学生です。

Ren **è** a Milano.　レンはミラノにいる。

3. 疑問文と否定文

疑問文の作り方は、平叙文と同じ語順で文末に「　　　」をつけるだけです。主語と動詞を倒置させる必要はありません。また、否定文の作り方は、動詞の前に（　　　）をつけます。

平叙文	彼はイタリア人です。
疑問文	彼はイタリア人ですか？
否定文	彼はイタリア人ではありません。

ただし、肯定疑問文と否定疑問文とでは、答え方が逆になります。

肯定疑問文	Lui è italiano?	彼はイタリア人ですか？
		はい、イタリア人です。
		いいえ、イタリア人ではありません。

否定疑問文	Lui non è italiano?	彼はイタリア人ではないのですか？
		はい、イタリア人ではありません。
		いいえ、イタリア人です。

4. 疑問代名詞

疑問代名詞は、主語や目的語として使うことができる疑問詞です。疑問詞を使った疑問文では、文頭に疑問詞、直後に動詞を置きます。

	誰	**Chi** è quella signora?　あちらの女性は誰ですか？
	何	**Che** è questo? / **Che cosa** è questo?　これは何ですか？
	どれ	**Qual** è la macchina italiana?　どれがイタリアの車ですか？

※ quale の形については、Appendice（p.68）も参照。

【Lezione 2 - Grammatica】

1. 不定冠詞

不定冠詞は、具体的にどれを指すのか特定されていない名詞につけて「　　　　　　　　」を表します。英語の a / an にあたります。

	単数形	複数形（冠詞なし）
男性形	とある／1つの本	とある／いくつかの本
女性形	とある／1つの家	とある／いくつかの家

		単数形	複数形（冠詞なし）
男性形	基本形	とある／1つの本	とある／いくつかの本
	s+子音など	とある／1つのリュック	とある／いくつかのリュック
	母音の前	とある／1つのホテル	とある／いくつかのホテル
女性形	基本形	とある／1つの家	とある／いくつかの家
	s+子音など	とある／1つの星	とある／いくつかの星
	母音の前	とある／1つの講義室	とある／いくつかの講義室

ポイント

1. 基本形は、男性名詞の（　　　　）と女性名詞の（　　　　）の2つで、複数形はない。
2. 男性名詞で**「s+子音、z、gn、ps、x」**の前につく場合、（　　　　）を使う。
3. 女性名詞で**「母音ではじまる語」**の前につく場合、（　　　　）を使う。

2. avere の直説法現在

avere（持つ）の直説法現在				
	単数形		複数形	
1人称		私は～持つ		私たちは～持つ
2人称		君は～持つ		君たちは～持つ あなたたちは～持つ
3人称		彼は～持つ 彼女は～持つ		彼らは～持つ 彼女らは～持つ
		あなたは～持つ		

Ho 18 anni.　私は18歳です。

Hai mal di testa?　君は頭が痛いの？

3. 存在文（c’è / ci sono）

存在文は、「～があります、～がいます」という意味で、人やものの存在を提示するときに使う構文です。

単数名詞	1匹の猫がいます。
複数名詞	たくさんの学生たちがいます。

疑問文	この近くにレストランはありますか？
応答（肯定）	はい、あります。
応答（否定）	いいえ、ありません。

ポイント

1. 単数名詞の提示には【　　　　　　　　】（英：there is）の構文を使う。
2. 複数名詞の提示には【　　　　　　　　】（英：there are）の構文を使う。

【補足】4種類の叙法について

イタリア語の動詞活用は、基本的に4種類の叙法――直説法、命令法、条件法、接続法――に基づいて行われます。叙法というのは**「文章の表現のしかた」**のことで、これら4つの叙法にはそれぞれ特徴があります。

- **直説法**……「**直**接**説**明する方**法**」のことで、事実をありのまま述べる叙法。
- **命令法**……他者に行動を促す命令や依頼、勧誘などを述べる叙法。
- **条件法**……特定の条件下において実現されることを述べる叙法。
- **接続法**……発話者の頭の中で考えられたことを述べる叙法。

本書で学ぶ叙法は、主に**「直説法」**です。直説法には、現在、過去、未来というように時制の区別があり、時制に応じて動詞の活用パターンも変わります。

【Lezione 3 - Grammatica】

1. 定冠詞

不定冠詞は、具体的にどれを指すのか特定されている名詞につけて「その、例の」を表します。英語の the にあたります。

		単数形	複数形
男性形	基本形	その本	それらの本
	s+子音など	その男子学生	それらの男子学生
	母音の前	その男友だち	それらの男友だち
女性形	基本形	その家	それらの家
	母音の前	その女友だち	それらの女友だち

ポイント

1. 基本形は、男性名詞の（　　　　　）と女性名詞の（　　　　　）の 4 つである。
2. 男性名詞で **「s+子音、z、gn、ps、x」** の前につく場合、（　　　　　）を使う。
3. **「母音ではじまる語」** の前につく場合、男性名詞は（　　　　　）、女性名詞は（　　　　　）を使う。

2. 規則変化動詞（-are / -ere / -ire）の活用

規則変化動詞は、活用語尾が一定のパターンにしたがって人称変化する動詞です。不定詞の語尾の形によって、大きく 3 タイプに分けられます。

cantare（歌う）の直説法現在	

prendere（取る）の直説法現在	

[a] dormire（眠る）の直説法現在	

[b] finire（終える）の直説法現在	

Cantiamo insieme.　私たちは一緒に歌います。　　Che cosa **prendi**?　君は何にする（＝注文する）？

【活用に注意が必要な動詞】

語尾が -care / -gare / -iare で終わる -are 動詞は、活用する際に注意すべき箇所があります。

		cercare（探す）	pagare（支払う）	mangiare（食べる）	studiare（勉強する）
単数	1人称				
	2人称				
	3人称				
複数	1人称				
	2人称				
	3人称				

【Lezione 4 - Grammatica】

1. 形容詞

形容詞は、名詞の状態や性質などが「どのようなものか」を表現する修飾語です。修飾する名詞の性数に応じて、語尾を変えて使います。これを、名詞に対する「性数一致」といいます。変化のパターンは①②の 2 種類です。

	①男性単数が -o で終わる形容詞		②男性単数が -e で終わる形容詞	
	単数形	複数形	単数形	複数形
男性形				
女性形				

◆形容詞の配置：名詞 ＋ 形容詞

	単数形	複数形
男性形	1 匹の黒い猫	2 匹の黒い猫
	1 匹の大きな犬	2 匹の大きな犬
女性形	1 台の黒い車	2 台の黒い車
	1 台の大きな車	2 台の大きな車

＊下のような日常的によく使われる短い形容詞は、名詞の前に置くことも多いです。

大きい	よい	美しい	新しい

2. 指示詞

指示詞は、人や物を指し示す時に使います。「指示代名詞」と「指示形容詞」の 2 種類があり、近くにあるものを指すときは questo、遠くにあるものを指すときは quello となります。

	男性単数	男性複数	女性単数	女性複数
指示代名詞・形容詞				
指示代名詞				
*指示形容詞				

※ quello（あの）の形に関しては、Appendice（p.71）も参照。

【指示代名詞】 **Quelli** sono i miei amici. あれらは私の友人たちだ。

【指示形容詞】 **Quei** ragazzi sono gli amici di Francesca. あの少年たちはフランチェスカの友人だ。

ポイント

1. 単独で使うときは（　　　　　　　）で、「これは、これを」「あれは、あれを」というように主語や目的語として機能する。
2. 名詞の前に置いて使うときは（　　　　　　　）で、「この～」「あの～」というように、特定の名詞を指す語として機能する。その場合、quello は特殊な変化をする。

3. 疑問副詞

疑問副詞は、時期・理由・場所・方法・程度などをたずねるときに使う疑問詞です。副詞なので、形容詞のような性数一致はしません。疑問詞を使った疑問文は（　　　　　　　）で始めます。疑問詞の前に前置詞をつけることもあります。

	いつ	「時期」を尋ねる疑問詞（英：when） **Quando** comincia la lezione?　いつ授業が始まりますか？
	なぜ	「理由」を尋ねる疑問詞（英：why） **Perché** non fai i compiti?　なぜ宿題をやらないの？
	どこ	「場所」を尋ねる疑問詞（英：where） Di **dove** sei?　どこから来たの？
	どのように	「方法」を尋ねる疑問詞（英：how） **Come** si chiama lui?　彼の名前は何といいますか？
	どれくらい	「程度」を尋ねる疑問詞（英：how much, how many） **Quanto** costa questo libro?　この本はいくらですか？

【Lezione 5 - Grammatica】

1. 不規則変化動詞①（原形語尾が -are のタイプ）

不規則変化動詞は、活用語尾だけでなく語幹も人称変化する動詞です。本課では、語尾が -are で終わる動詞を学びます。

		andare（行く）	fare（〜する）	dare（与える）	stare（留まる）
単数	1人称				
	2人称				
	3人称				
複数	1人称				
	2人称				
	3人称				

Vado all'università.　私は大学に行きます。　　Come **stai**?　元気？

Facciamo la spesa al supermercato.　スーパーで買い物をしよう。

ポイント

1. andare の活用時に v の文字が出てくるのは、この動詞の中にラテン語の *amblare*（歩く）と *vadere*（行く）という2種類の動詞の活用形が混在しているからである。
2. dare の3人称単数形の活用には、アクセント記号をつける必要がある。

2. 前置詞

前置詞には、いろいろな使い方があります。ここに挙げてある意味は、あくまでも代表的なものにすぎませんので、詳しくは辞書を参照して下さい。

	〜で、〜に	Silvia è **a** casa.　シルヴィアは家にいます。
	〜から	Lui parte **da** Torino.　彼はトリノから出発します。
	〜の	Questa è la bicicletta **di** Roberto.　これはロベルトの自転車です。
	〜の中に	Leggo il libro **in** treno.　私は電車の中で本を読みます。
	〜の上に	Ora siamo **su** Venezia.　ただいまヴェネツィア上空にいます。
	〜のために	Lavoro **per** vivere.　私は生きるために働く。
	〜と一緒に	Pranzi **con** gli amici?　君は友達と昼食をとるの？
	〜の間に	Bergamo è **fra** Milano e Brescia.　ベルガモは、ミラノとブレシアの間にあります。

3. 冠詞前置詞

冠詞前置詞は、前置詞と冠詞が合成されて 1 つの語になったものです。以下にある 5 つの前置詞の直後に定冠詞がきた場合は、結合して一語にします。

	il	i	lo	gli	la	le	l’
a							
da							
di							
in							
su							

a + il cinema → **al** cinema 映画館で・に　　su + la tavola → **sulla** tavola テーブルの上に

【Lezione 6 - Grammatica】

1. 不規則変化動詞②（原形語尾が -ere / -ire のタイプ）

不規則変化動詞は、活用語尾だけでなく語幹も人称変化する動詞です。本課では、語尾が -ere や -ire で終わる動詞を学びます。

		bere	tenere	sapere	venire	dire	uscire
単数	1人称						
	2人称						
	3人称						
複数	1人称						
	2人称						
	3人称						

Da dove **vieni**? どこから来てるの？（＝出身は？）　Stasera nonn **esco**. 私は、今夜は出かけない。

2. 所有形容詞

所有形容詞は、「私の」や「あなたの」などと、その名詞の「所有者」を示す形容詞です。基本的に冠詞と組み合わせて使い、後に続く名詞の性数に合わせて形が変わります。

	男性形		女性形	
	単数形	複数形	単数形	複数形
私の				
君の				
彼の／彼女の				
私たちの				
あなたたちの				
彼らの／彼女らの				

il **suo** libro / i **suoi** libri 彼の／彼女の本　la **nostra** amica / le **nostre** amiche 私たちの友達

ポイント

1. 形容詞だが、基本的に（　　　　）の前につける。
2. 英語の his / her とは異なり、「所有者の性」に基づいた使い分けはしない。
3. 親族名詞の単数形には、冠詞をつけない。

3 人称の所有形容詞：英語の場合		3 人称の所有形容詞：イタリア語の場合	
his father 彼の父 **her** father 彼女の父	**his** mother 彼の母 **her** mother 彼女の母	**suo** padre 彼の父 **suo** padre 彼女の父	**sua** madre 彼の母 **sua** madre 彼女の母
英語の場合は、所有者が男性なら his、女性なら her というように**「所有者の性別」**で形が決まる。		イタリア語の場合は、後に続く名詞が男性なら suo、女性なら sua というように**「名詞の性別」**で形が決まる。	

男性の親族名詞の代表例	女性の親族名詞の代表例
padre, figlio, fratello, zio, nonno, marito, cugino, suocero, genero, nipote	madre, figlia, sorella, zia, nonna, moglie, cugina, suocera, nuora, nipote

3. 人称代名詞（強勢形）

前置詞の後に人称代名詞を置く場合、主語の人称代名詞ではなく（　強勢形　）の人称代名詞を用います。ほとんどの強勢形は主語と同じ形をしていますが、1 人称単数（私）と 2 人称単数（君）の形が異なります。

主語	io	tu	lui	lei	noi	voi	loro	loro
強勢形								
和訳	私	君	彼	彼女	私たち	君たち	彼ら	彼女ら

Vieni con **me**? 私と一緒に来る？　　Questo è un regalo per **te**. これは君へのプレゼントだよ。

4. 疑問形容詞

疑問形容詞は、形容詞として名詞を修飾する要素を持つ疑問詞で、「なんの～」「どの～」という意味になります。「　　　　　　　　　　　」の語順で使います。quale と quanto は、名詞の性数に合わせて語尾が変わります。

	何の	「物」を尋ねる疑問詞（英：what） **Che** lavoro fai? 何の仕事をしていますか？
	どの	「種類」を尋ねる疑問詞（英：which） **Quale** cravatta preferisce? どのネクタイがお好みですか？
	いくつの **どれだけの**	「程度」を尋ねる疑問詞（英：how much, how many） **Quanti** studenti ci sono? どれだけの学生がいますか？

【Lezione 7 - Grammatica】

1. 人称代名詞（直接目的補語）

直接目的補語の人称代名詞は（　　　　　　　　　）を言い換える代名詞で、必ず動詞の活用形の（　　　　）に置きます。

主語	io	tu	lui	lei	noi	voi	loro	
直接目的								
和訳	私を	君を	彼を それを	彼女を それを	私たちを	君たちを	彼らを それらを	彼女らを それらを

Ti amo sempre.　僕はいつも君を愛している。

Vi invita alla festa.　彼はあなたたちをパーティーに招待する。

ポイント

1. 3人称単数・複数の lo / la / li / le は、人でも物でも受けることができる。

人 Cerco **Roberto**. 私は**ロベルトを**探している。 → **Lo** cerco. 私は**彼を**探している。

物 Cerco **quel libro**. 私は**その本を**探している。 → **Lo** cerco. 私は**それを**探している。

2. 中性代名詞 lo

中性代名詞 lo は、代名詞という名前ですが、名詞以外の要素を受けて使います。その際、性数一致をする必要はありません。

essere の後に続く名詞や形容詞	È felice Rebecca？ レベッカは幸せですか？ —Sì, **lo** è.　ええ、彼女は**そう**です。（**lo** = felice）
前文の内容	Dove abita Maria in Giappone?　日本でマリアはどこに住んでいますか？ —Non **lo** so.　私は**それ**を知りません。（**lo** = Dove abita Maria in Giappone）

3. 補助動詞（volere / potere / dovere / sapere）

補助動詞は、**【補助動詞 ＋ 不定詞】**の組み合わせによって、当該不定詞に補助的な意味を付与する動詞です。英語でいう can や must などが、それにあたります。本課では、欲求（～したい）、可能（～できる）、義務（～すべき）という 3 種類の補助動詞を学びます。

		volere（～したい）	potere（～できる）	dovere（～すべき）	sapere（～できる）
単数	1 人称				
	2 人称				
	3 人称				
複数	1 人称				
	2 人称				
	3 人称				

【補助動詞の用法】

	願望	**Vuole** venire con noi?　私たちと一緒に来ませんか？ **Vuoi** un caffè?　コーヒーはどう？　［volere + 名詞］
	可能	**Può** venire in ufficio oggi?　今日、職場に来てもらえますか？
	義務	**Dovete** vedere questo film.　君たちはこの映画を見るべきだよ。
	可能	Non **sappiamo** suonare la chitarra.　私たちはギターが弾けない。

ポイント

1. volere と sapere に関しては、後ろに名詞を置く形でも使われる。

   Vuoi un caffè?　コーヒーはどう？

   Misaki non **sa** il suo indirizzo.　ミサキは彼の住所を知らない。

2. potere と sapere に関しては、両方とも「～できる」という可能を示すものだが、意味が若干異なる。

   【　　　　　　　　】「状況的」に可能

   Posso nuotare.　私は泳げる……付近に水場があり、水着を持っているので、遊泳が可能である。

   【　　　　　　　　】「能力的」に可能

   So nuotare.　私は泳げる……過去に泳ぎ方を学び、適切に身体を動かせるので、遊泳が可能である。

【Lezione 8 - Grammatica】

1. 人称代名詞（間接目的補語）

間接目的補語の人称代名詞は（　　　　　　　　）を言い換える代名詞で、必ず動詞の活用形の（　　　　）に置きます。

主語	io	tu	lui	lei	noi	voi	loro	
間接目的								
和訳	私に	君に	彼に それに	彼女に それに	私たちに	君たちに	彼らに それらに	彼女らに それらに

Mi piace mangiare.　私は食べることが好きです。(piacere a...... ～にとって好ましい)

Vi presento mia sorella.　君たちに私の妹を紹介します。

ポイント

1. 間接目的語は、**【a ＋ 名詞】**の部分が目的語になったものである。

Passo questo libro **a Matteo**.　私はこの本を（直接目的）**マッテオに**（間接目的）手渡す。

→ **Gli** passo questo libro.　私はこの本を（直接目的）**彼に**（間接目的）手渡す。

2. 動詞の非人称用法

自動詞や目的語のない他動詞の 3 人称単数形の前に（ si ）をつけると、「人は～」「誰もが～」といった一般論を表します。

Mangia per vivere.　（彼／彼女は）生きるために食べる。

→ ________________________________　（人は）生きるために食べる。

Non può entrare dentro.　（彼／彼女は）中に入ることはできない。

→ ________________________________　（誰も）中に入ることはできない。

3. 天候と時刻

天候や時刻を示すときは、動詞を 3 人称単数で活用する非人称表現を使います（天候は常に単数、時刻は単数・複数）。非人称なので、動詞の前に主語は置きません。

【天候】fare / essere ＋（天候を示す）名詞／形容詞、非人称動詞 piovere, nevicare

Che tempo fa?　天気はどうですか？			
	良い天気です。	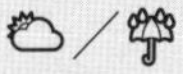	悪い天気です。
	暑いです。		寒いです。
	晴れています。		曇っています。
	雨が降っています。		雪が降っています。

【時刻】essere ＋ 女性形定冠詞 ＋ 時刻の数字

Che ore sono? / Che ora è?　何時ですか？	
1：00	1時です。
2：10	2時10分です。
3：15	3時15分です。
4：30	4時30分です。 4時半です。
4：45	4時45分です。 5時15分前です。
4：50	5時10分前です。
0：00	0時です。 24時です。
12：00	12時です。

【定型表現】

e un quarto　＋15分

e mezzo　＋30分

meno un quarto　－15分

【補足】様々な人称代名詞について

これまでの課において、私たちは「人称代名詞（○○）」という形で、計4種類の人称代名詞を学んできました。それぞれどのような役割を持っているのか、一度整理しておきましょう。

- **人称代名詞（主語）**
  「～は」を意味し、主語として使う人称代名詞。省略することも多い。
- **人称代名詞（強勢形）**
  前置詞の後に置く人称代名詞。
- **人称代名詞（非強勢形・直接目的補語）**
  動詞の活用形の前に置いて「～を」を意味し、直接目的語として使う人称代名詞。
- **人称代名詞（非強勢形・間接目的補語）**
  動詞の活用形の前に置いて「～に」を意味し、間接目的語として使う人称代名詞。

※ 直接・間接目的補語代名詞の位置については、Appendice（p.73）も参照。

【Lezione 9 - Grammatica】

1. 部分冠詞

部分冠詞は、明確な個数で数えられない名詞につけて「いくらかの」という不特定な分量を表したり、明確な個数で数えられる名詞につけて漠然とした数を表したりします。

		単数形 ＋ 数えられない名詞の単数形	複数形 ＋ 数えられる名詞の複数形
男性形	基本形	いくらかのパン	いくつかのレモン
	s+子音など	いくらかの砂糖	何人かの学生
	母音の前	いくらかの油	いくつかの前菜
女性形	基本形	いくらかの果物	いくつかのナス
	母音の前	いくらかの水	いくつかのオレンジ

ポイント

1. 「数えられる名詞」と「数えられない名詞」の判別は、「複数に分けても個として機能するかどうか」を1つの基準にするとよい。「数えられない名詞＝雨、愛情、（食物としての）魚」、「数えられる名詞＝車、絵画、（生物としての）魚」などである。

2. 再帰動詞／代名動詞

再帰動詞／代名動詞は、「再帰代名詞」という「主語と同じ人称の代名詞」をともなう動詞です。「私は私を起こす」(＝私は起きる)、「君は君に対して手を洗う」(＝君は君の手を洗う)のように、動詞による行為を、主語が自分自身に対して行うのが特徴です。

alzarsi（起きる）の直説法現在				
	単数形		複数形	
1人称		私は起きる		私たちは起きる
2人称		君は起きる		君たち／あなたたちは起きる
3人称		彼／彼女は起きる		彼ら／彼女らは起きる

①本質的再帰（自分自身を〜する）	**Mi alzo** alle sei ogni giorno.　私は毎日6時に起きる。
②形式的再帰（自分自身に〜する）	**Mi lavo** le mani.　私は（自分の）手を洗う。
③相互的再帰（お互いに〜しあう）	**Si sentono** ogni sera.　彼らは毎晩電話をかけあっている。
④代名動詞（①〜③以外）	Nessuno **si accorge** del suo arrivo.　誰も彼の到着に気づかない。

ポイント

1. 再帰代名詞は、不定詞では si という形をしており、語尾に結合されている（alzarsi)。
2. 動詞を活用する際は、主語に合わせて再帰代名詞の形を変え、動詞の直前に置くようにする（mi alzo, ti alzi......)。

3. 代名小詞（ne / ci）

代名小詞は、これまでに学んできた代名詞とは異なり、「　　　　　　　　」を言い換えます。また特定の語を受けない慣用表現もあります。

	①【前置詞 di ＋ 名詞】	Parla **dei suoi problemi**? 彼は彼自身の問題について話しますか？ —No, non **ne** parla. いいえ、彼はそれについて話しません。
	②【前置詞 da ＋ 名詞】	Parto per Pisa ma **ne** torno subito. ピサに発つがすぐに戻ってくるよ。
	③【数量表現 ＋ 名詞】	**Quante sigarette** fumi al giorno? 君は1日に何本のタバコを吸うの？ —**Ne** fumo dieci. それを10本吸うよ。(←Fumo dieci sigarette.)
	④慣用表現	Me **ne** vado. おいとまします。 Non **ne** posso più. もう耐えられない。
	①【前置詞 a ＋ 名詞】	Pensi **al progetto**? 君はその計画のことを考えているの？ —Sì, **ci** penso sempre. うん、いつもそのことを考えているよ。
	②【前置詞 a, in, su... ＋ 場所】	Vanno **in chiesa**? 彼らは教会に行きますか？ —Sì, **ci** vanno. はい、彼らはそこに行きます。
	③慣用表現	Quanto tempo **ci** vuole? 時間はどれくらいかかりますか？

※ 数量表現については、Appendice（p.75）も参照。

◆比較表：定冠詞、不定冠詞、部分冠詞

3種類の冠詞は、使い分けが大変です。とりあえず暫定的な区別として、下の冠詞比較表を頭に入れておくとよいでしょう。

	特定・総称	不特定	
	可算・不可算	可算	不可算
単数	定冠詞	不定冠詞	部分冠詞（単数）
複数		部分冠詞（複数）	×

【Lezione 10 - Grammatica】

1. 過去分詞

過去分詞は、動詞から派生した形容詞の一種です。単独では「受け身」（～された）の意味を示す形容詞として用いたり、助動詞と組み合わせて過去の出来事を示す文を作ったりします。作り方は -are 動詞、-ere 動詞、-ire 動詞ごとにパターンがあります。

動詞の種類	不定詞	過去分詞
-are 動詞　-are → **-ato**	cant**are** →	
-ere 動詞　-ere → **-uto**	ten**ere** →	
-ire 動詞　-ire → **-ito**	fin**ire** →	

※ -cere / -scere の場合は -ciuto / -sciuto となります。　ex) piacere → piaciuto、crescere → cresciuto

【例外的な過去分詞の例】

一部の過去分詞には、不規則な形を持つものがあります（特に -ere 動詞は要注意です）。これらの過去分詞については、個別に丸暗記する必要があります。

fare （する）		**leggere** （読む）		**scrivere** （書く）	
bere （飲む）		**mettere** （置く）		**vedere** （見る）	
chiedere （訊ねる）		**prendere** （取る）		**vincere** （勝つ）	
chiudere （閉じる）		**ridere** （笑う）		**aprire** （開く）	
cuocere （料理する）		**risolvere** （解決する）		**dire** （言う）	
decidere （決める）		**rispondere** （返答する）		**offrire** （贈る）	

2. 直説法近過去（1）

近過去は、過去のある時点で完了したことや経験を説明する時制です。以下のように、助動詞と過去分詞を組み合わせる「複合時制」という変化になります（英語の現在完了 have ＋ 過去分詞と同じ形です）。複合時制では、主語に合わせて助動詞の部分を活用します。

直説法近過去（1）＝ 助動詞 avere の直説法現在 ＋ 過去分詞

cantare（歌う）の直説法近過去	

【否定】cantare（歌う）の直説法近過去	

Silvia **ha comprato** questa macchina due anni fa.　シルヴィアは2年前にこの車を買った。

Stamattina **ho preso** un caffè prima di venire in ufficio.　今朝、私はオフィスに来る前にコーヒーを飲んだ。

Avete finito il vostro lavoro?　あなたたち、仕事は終わりましたか？

—No, non l'**abbiamo** ancora **finito**.　いいえ、まだそれを終えていません。

ポイント

1. 文中で、直接目的補語 lo, la, li, le が過去分詞よりも前の位置にある場合、直接目的補語に（　　　　　）して、過去分詞の語尾が -o, -a, -i, -e と変化する。lo, la は、次に avere が続くので l' と記す。

   Ho visto <u>**Sofia**</u>.　私はソフィアを見た。 → <u>**L'**</u>ho vist<u>**a**</u>.　私は彼女を見た。
   （Cf.　**L'**ho vist**o**.　彼を見た。／ **Li** ho vist**i**.　彼らを見た。／ **Le** ho vist**e**.　彼女らを見た）

【Lezione 11 - Grammatica】

1. 直説法近過去（2）

一部の自動詞は、複合形をつくるときに助動詞 avere ではなく、essere を用います。とりわけ移動や状態変化を表す自動詞が対象です。また、非人称動詞や非人称表現などにおいても、助動詞は essere を用います。助動詞に essere をとる場合、過去分詞の語尾を主語に（　性数一致　）させるというルールがあります。

直説法近過去（2） ＝ 助動詞 essere の直説法現在 ＋ 過去分詞

andare（行く）の直説法近過去	

【否定】andare（行く）の直説法近過去	

L'anno scorso **sono andata** in Italia con le amiche.　昨年、私は友人たちとイタリアに行った。

Ieri non **sono andati** all'università.　昨日、彼らは大学に行かなかった。

【助動詞に essere をとる動詞の例】

助動詞に essere をとる動詞は、avere をとる動詞に比べると種類は多くありません。なので、essere を取る動詞から先に覚え、それ以外の動詞は avere を取るというように区別しましょう。

andare （行く）		**essere** （～である）		**partire** （出発する）	
arrivare （到着する）		**nascere** （生まれる）		**salire** （登る）	
entrare （入る）		**scendere** （降りる）		**uscire** （出る）	
stare （留まる）		**morire** （死ぬ）		**venire** （来る）	

2. 再帰動詞の近過去

再帰動詞を近過去にする場合、助動詞は常に essere を用います。語順としては、再帰代名詞と過去分詞の間に essere を配置します。なお、過去分詞の語尾は、主語に性数一致させます。

再帰代名詞 ＋ 助動詞 essere の直説法現在 ＋ 過去分詞

alzarsi（起きる）の直説法近過去	

【否定】alzarsi（起きる）の直説法近過去	

【Lezione 12 - Grammatica】

1. 直説法半過去

半過去は、過去のある時点での継続的な状況や状態を説明する時制です。「当時は継続中だった（＝行動の半ばだった）」ことを意味し、すでに終わったのか、いつ終わったのかは不明なので、未完了の過去といえます。

		cantare	prendere	dormire	finire	essere	avere
単数	1人称						
	2人称						
	3人称						
複数	1人称						
	2人称						
	3人称						

【半過去の用法】

過去の状態や状況説明	Quando sono tornato a casa, mia mamma **cucinava**. 私が帰宅した時、母は料理をしていた。
過去の習慣的行動	Da bambino **bevevamo** il latte ogni mattina. 子どもの頃、私たちは毎朝牛乳を飲んでいた。
複数行為の同時進行	Mentre **studiava**, suo padre **leggeva**. 彼が勉強している間、父は新聞を読んでいた。

【補足】近過去と半過去の使い分けについて

近過去「～した」（完了）……過去のある時点で終わったことに対して用いる。

半過去「～していた」（未完了）……過去のある時点における継続的なことに対して用いる。

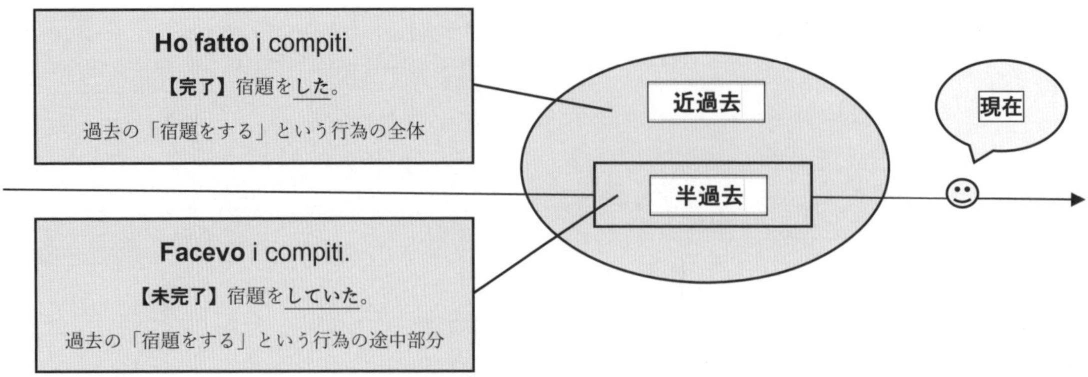

Ho fatto i compiti.
【完了】宿題をした。
過去の「宿題をする」という行為の全体
近過去
現在
半過去
Facevo i compiti.
【未完了】宿題をしていた。
過去の「宿題をする」という行為の途中部分

2. 関係代名詞（che / cui）

関係代名詞は、主節の（　先行詞　）と、それに関する補足説明文（関係節）をつなぐ代名詞で、（　先行詞　）の内容を後ろから説明します。関係節中の働きによって che / cui を使い分けます。

主語	Ho un amico. 私には友人がいます。	→	私にはローマに住んでいる友人がいます。
	L’amico abita a Roma. 友人がローマに住んでいます。		
直接目的語	Ti faccio vedere le foto. 私は君に写真を見せます。	→	私は君に私が撮った写真を見せます。
	Ho scattato le foto. 私は写真を撮りました。		
直接目的語以外の補語	**【前置詞 ＋ cui】**（a cui, da cui, di cui, in cui, per cui, su cui...）という形になる。		
	Questo è un film. これは映画です。	→	これは彼がよく話している映画です。
	Parla spesso **di** quel film. 彼がその映画についてよく話しています。		

ボナペティート！

―おいしいイタリア語、めしあがれ―

別冊ワークブック

©2023年1月30日　初版発行

著　者　有田　豊
中山明子

発行者　小川　洋一郎

発行所　朝日出版社
〒101−0065東京都千代田区西神田3−3−5
電話03(3239)0271
FAX03(3239)0479
振替口座00140−2−46008
http://text.asahipress.com/others/

印刷・製本　錦明印刷(株)

ポイント

1. -are 動詞は、2人称単数と3人称単数（敬称）の活用形を逆にしないように注意しましょう。
   Mangia tanto!　たくさん食べて！　　Mangi tanto!　たくさん食べて下さい！

2. 再帰動詞の代名詞は、3人称は「動詞の前」、それ以外は「動詞の後」に置きましょう。
   Alzati!　立って！　　Si alzi!　立って下さい！

3. 否定命令は、2人称単数で「動詞の原形」を用います。また、再帰動詞の否定命令（2人称単数）の場合は、代名詞を「動詞の前後」どちらに置いても構いません。
   Non toccare!　触らないで！　　Non ti alzare! = Non alzarti!　立たないで！

4. 2人称単数で短縮形を持つ動詞（andare / dare / dire / fare / stare）の場合、代名詞を語尾に結合する際はアポストロフィをとって代名詞（gli 以外）の最初の子音を入れます（gli 以外の代名詞の最初の子音が重なります）。
   Dacci una mano!　私たちに手を貸してよ！
   (Da' + ci)
   Dimmi cosa vuoi!　何が欲しいのか言って。
   (Di' + mi)
   Diglielo subito!　すぐにそれを彼に言いなさい！
   (Di' + gli + lo)

10 受動態

受動態は**【動詞 essere＋他動詞の過去分詞（＋da）】**でつくります。他動詞 invitare（～を招待する）の1人称単数形（「私」が主語の形）は、次のようになります。

	能動態 invitare の1人称単数	受動態 invitare の1人称単数形（男／女）
現在	invito	**sono invitato ／ sono invitata**
近過去	ho invitato	**sono stato invitato ／ sono stata invitata**
半過去	invitavo	**ero invitato ／ ero invitata**
遠過去	invitai	**fui invitato ／ fui invitata**
大過去	avevo invitato	**ero stato invitato ／ ero stata invitata**
先立過去	ebbi invitato	ー
未来	inviterò	**sarò invitato ／ sarò invitata**
先立未来	avrò invitato	**sarò stato invitato ／ sarò stata invitata**

能動態	**主語** Il professore その教授は	**他動詞** promuove 進級させる	**直接目的語** tutti gli studenti. 学生全員を
受動態	**主語** Tutti gli studenti 学生全員が	**essere＋他動詞の過去分詞** **sono promossi** 進級させてもらえる	**動作主補語** dal professore. その教授によって

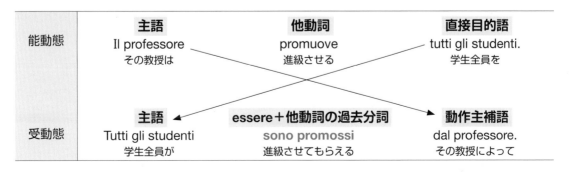

ポイント

1. 単純形では essere の代わりに venire を使うこともできます。その場合、受動態の動作が強調されます。andare を使うと dovere（義務）の意味が付け加わります。
   Ogni giorno le camere **sono pulite dagli** addetti.　部屋は毎日係員によって清掃される。
   Ogni giorno le camere vengono **pulite dagli** addetti.　部屋は毎日係員によって清掃される。
   La decisione va **fatta dal resposabile**.　決定は責任者によってなされるべきだ。
   La decisione **deve essere fatta dal** responsabile.　決定は責任者によってなされるべきだ。

2. 動作主（動因）補語は前置詞 da の後に置きます。「彼ら（特定の人・集団を指さない場合）」や「誰か」などの場合は、da＋動作主補語は言いません。
   Il presidente della Repubblica viene **eletto** ogni sette anni.　共和国大統領は7年ごとに選出される。

3. si＋直接目的語のある他動詞3人称は、一般論の受身形です。動作主補語を言うことはできません。
   Si elegge il presidente della Repubblica ogni sette anni.　共和国大統領は7年ごとに選出される。
   Si parlano anche i dialetti nell'ambiente familiare.　くだけた雰囲気なら方言も話される。

4. si を使った受け身の複合形は、助動詞に essere を用います。
   Si sono visti tanti personaggi durante il festival.　フェスティバル期間中は多くの重要人物が目撃された。

Appendice

Lezione 0 Introduzione

◆数詞（1）

基数詞						序数詞	
1	uno	11	undici	21	ventuno	I	primo
2	due	12	dodici	22	ventidue	II	secondo
3	tre	13	tredici	23	ventitré	III	terzo
4	quattro	14	quatordici	24	ventiquattro	IV	quarto
5	cinque	15	quindici	25	venticinque	V	quinto
6	sei	16	sedici	26	ventisei	VI	sesto
7	sette	17	diciassette	27	ventisette	VII	settimo
8	otto	18	diciotto	28	ventotto	VIII	ottavo
9	nove	19	diciannove	29	ventinove	IX	nono
10	dieci	20	venti	30	trenta	X	decimo

◆身分／職業を表す名詞

	男性形	女性形	職業名
-o / -a	cuoco	cuoca	料理人
-e / -a	cameriere	cameriera	ホールスタッフ
-ante	insegnante	insegnante	教師
-ista	artista	artista	芸術家
-e / -essa	studente	studentessa	学生
-tore / -trice	attore	attrice	俳優

Lezione 1 Sono giapponese.

◆国名とその形容詞

国籍を表す形容詞は、その国の人や言語を表す名詞としても使われます。国籍の場合、男性と女性で語尾が異なる場合があります。

国名	Italia　イタリア	形容詞	italiano/a/i/e　イタリアの
国籍	italiano/a/i/e　イタリア人	言語	l'italiano　イタリア語

語尾が男女で異なるタイプ（-o / -a）			語尾が男女同形のタイプ（-ese）		
国名	男性形	女性形	国名	男性形	女性形
Italia	italiano	italiana	Giappone	giapponese	
America	americano	americana	Cina	cinese	
Corea	coreano	coreana	Inghilterra	inglese	
Germania	tedesco	tedesca	Francia	francese	
Spagna	spagnolo	spagnola	Portogallo	portoghese	

◆注意すべき複数形

・男性形で語尾が -co / -go で終わっている場合、複数形は -chi / -ghi になる語と -ci / -gi になる語に分かれます。女性形の -ca / -ga は常に -che / -ghe となります。

tedesco – tedesca – tedeschi – tedesche　ドイツ人
greco – greca – greci – greche　ギリシャ人

・男性形単数の語尾が -io で終わっている場合、i におけるアクセントの有無で複数形が変わります。

【アクセントなし】figlio – figli（-io – i）　息子
【アクセントあり】zio – zii（-io – ii）　伯父・叔父

◆疑問詞 quale ＋ è（essere の直説法現在3人称単数形）

quale è → qual è となります。

Lezione 2 Ho una foto.

◆【avere ＋ 無冠詞名詞】の熟語表現

avere ＋	fame	お腹がすいた
	sete	のどが渇いた
	sonno	眠い
	freddo, caldo	寒い、暑い
	fretta	急いでいる
	paura	怖い
	mal di ＋ 身体部位（testa, gola, stomaco...）	～が痛い（頭、のど、胃…）

◆イタリアの都市名とその形容詞

語尾が男女で異なるタイプ（-o / -a）			語尾が男女同形のタイプ（-ese）	
都市名	男性形	女性形	都市名	男性形　女性形
Roma	romano	romana	Milano	milanese
Napoli	napoletano	napoletana	Torino	torinese
Firenze	fiorentino	fiorentina	Bologna	bolognese
Palermo	palermitano	palermitana	Genova	genovese

◆essere ＋ di ＋ 都市名 → 出身都市

Sono di Milano. / Sono milanese.　私はミラノ出身です。

◆注意すべき名詞（1）身体部位

通常、単数となる部位	testa　頭	gola　喉	stomaco　胃
通常、複数となる部位	dente - denti　歯	piede - piedi　足	ganba - gambe　脚
	occhio - occhi　目 要注意 -io – i	mano - mani　手 女性名詞	braccio - braccia　腕 単数で男性、複数で女性

◆注意すべき名詞（2）単複同形

	単数形	複数形
語末母音にアクセントがある名詞	città, caffè	città, caffè
外来語	bar, film	bar, film
短縮された名詞 （短縮されているため、性に注意）	foto（fotografia） cinema（cinematografo） auto（automobile）	foto（fotografie） cinema（cinematografi） auto（automobili）

◆不定冠詞の男性単数形

uno となるのは、s + 子音、z- 以外に ps- / gn- / x- の前です。

Lezione 3　Io prendo il risotto.

◆規則変化動詞の例

-are	abitare, amare, ascoltare, aspettare, guardare, lavorare, parlare, mangiare, studiare, viaggiare, cercare, giocare, navigare, pagare
-ere	chiedere, chiudere, conoscere, leggere, mettere, scrivere, vedere
-ire（a）	aprire, partire, offrire, sentire
-ire（b）（-isco型）	capire, pulire, preferire, spedire

・-iare のとき、-ii- が -i- となります。

・-care / -gare のとき、-ci / -gi が -chi / -ghi となります。

・-cere / -gere のとき、発音に注意しましょう。

◆アクセントの位置

1～3人称単数と3人称複数は、同じ位置にアクセントがあります。3人称複数の時は、アクセントの位置に注意しましょう。

不定詞		cantare	prendere	dormire
単数	1人称	canto	prendo	dormo
	2人称	canti	prendi	dormi
	3人称	canta	prende	dorme
複数	1人称	cantiamo	prendiamo	dormiamo
	2人称	cantate	prendete	dormite
	3人称	cantano	prendono	dormono

◆直説法現在形の用法

現在の習慣	**Studio** all'università.　大学で勉強している。
現在進行中	**Studio**.　勉強中だ。
継続中	**Studio** l'italiano da un mese.　1ヵ月前からイタリア語を勉強している。
未来	**Studio** all'estero l'anno prossimo.　来年、留学する。

・1人称複数形は命令法と同形のため、「〜しましょう」（勧誘）の意味でも使えます。

◆定冠詞の男性単数形／複数形

lo / gli となるのは、s + 子音、z- 以外に ps-, gn-, x- の前です。

◆言語

〜語	il giapponese	l'italiano	l'inglese	lo spagnolo	il tedesco
〜語で	in giapponese	in italiano	in inglese	in spagnolo	in tedesco

◆食事（1）

朝食	昼食	夕食
la colazione	il pranzo	la cena

◆食事（2）（コース料理）

前菜	l'antipasto	da bere（飲み物）
第1の料理（パスタ・スープ・リゾット）	il primo piatto	
第2の料理（メインディッシュ：肉か魚）	il secondo piatto	
（メインディッシュの）つけ合わせ（野菜）	il contorno	
デザート	il dessert（i dolci）	
コーヒー	il caffè	

Lezione 4 Sono molto buoni.

◆色の名前の形容詞

語尾が -o / -a	azzurro/a, bianco/a, giallo/a, nero/a, rosso/a
語尾が -e（男女同形）	verde, celeste
語尾が無変化	arancione, blu, rosa, viola, marrone

・外来語や物の名前からできた語は、基本的に無変化です。ただし、marrone は男女同形で語尾が変化する形として使われることも多くなっています。

◆形容詞の冠詞型変化

buono と bello は名詞を直接修飾する場合、名詞の前に置かれることが多いです。その際、「冠詞型」と呼ばれる特別な変化をします。

buono – buona – buoni – buone 叙述用法、及び限定用法でも名詞の後ろに置かれるとき	Questo vino è buono.　このワインは美味しい。 un vino molto buono　とても美味しいワイン un **buon** vino　美味しいワイン
bello – bella – belli – belle 叙述用法、及び限定用法でも名詞の後ろに置かれるとき	Questo fiore è bello.　この花は美しい。 Questi fiori sono belli.　これらの花は美しい。 un fiore molto bello　とても美しい花 fiori molto belli　とても美しい花々 un **bel** fiore　美しい花 **bei** fiori　美しい花々

・buono 不定冠詞型変化

		不定冠詞	buono	
男性	基本形	un	**buon**	un **buon** spumante 1杯の美味しいスパークリングワイン
	s + 子音、z- などの前	uno	**buono**	una **buon'**acqua 1杯の美味しい水
	母音の前	un	**buon**	
女性	基本形	una	**buona**	**buoni** spaghetti 美味しいスパゲッティ
	s + 子音、z- などの前	una	**buona**	**buone** lasagne 美味しいラザニア
	母音の前	un'	**buon'**	

・bello 定冠詞型変化

定冠詞		単数形		複数形	
		bello	定冠詞	bello	
男性	基本形	il	**bel**	i	**bei**
	s + 子音、z- などの前	lo	**bello**	gli	**begli**
	母音の前	l'	**bell'**	gli	**begli**
女性	基本形	la	**bella**	le	**belle**
	s + 子音、z- などの前	la	**bella**	le	**belle**
	母音の前	l'	**bell'**	le	**belle**

・指示形容詞 quello 定冠詞型変化

quello は、指示形容詞として使うときに、定冠詞型変化をします。

定冠詞		単数形		複数形	
		quello	定冠詞	quello	
男性	基本形	il	**quel**	i	**quei**
	s + 子音、z- などの前	lo	**quello**	gli	**quegli**
	母音の前	l'	**quell'**	gli	**quegli**
女性	基本形	la	**quella**	le	**quelle**
	s + 子音、z- などの前	la	**quella**	le	**quelle**
	母音の前	l'	**quell'**	le	**quelle**

【指示代名詞】Quelli sono i miei amici.　あれらは私の友人たちだ。

【指示形容詞】Quei ragazzi sono gli amici di Francesca.　あの少年たちはフランチェスカの友人だ。

Lezione 5 Io vado in Sicilia.

◆前置詞の使い分け（1）場所の前置詞句

	動詞	前置詞	場所
都市名 場所の名前（熟語的） 不定詞	andare	a	a Milano, a Osaka a casa, a scuola, a teatro a mangiare
場所の名前（熟語的）		al / alla / all'	al ritorante, al mare, all'estero alla stazione, all'università
国名 場所の名前（熟語的）		in	in Italia, in Giappone in centro, in ufficio, in pizzeria
人を表す語 （人名・職業名等）		da	da Leonardo, dal medico...

◆前置詞の使い分け（2）動詞 ＋ 前置詞 ＋ 不定詞

	動詞	前置詞	不定詞
～しに行く、～しに来る	andare, venire	a	不定詞 （動詞の原形）
～し始める	cominciare		
～しようとする（試す）	provare		
～できる（成功する）	riuscire		
～する必要がある	avere bisogno	di	
～しようとする（努める）	cercare		
～するよう頼む	chiedere		
～し終える	finire		

・この使い分けは代名小詞 ne / ci の使い分けに関係します。Cf. Lezione 9

Lezione 6 Vieni anche tu?

◆親族名称

男女で単語自体が異なる		男女で単語の語尾のみ異なる	
padre	madre	nonno	nonna
papà, babbo	mamma	zio	zia
fratello	sorella	figlio	figlia
marito	moglie	cugino	cugina

・「両親」は i genitori、「親戚」は i parenti と表現します。

・padre, madre に対して親しみを込めた言い方としては、papà, babbo, mamma があります。幼児語というわけではありません。
・「父」に対して親しみを込めた言い方としては、papà が使われる地域と babbo が使われる地域があります。
・甥、姪、孫（男女とも）は、いずれも nipote となります。

◆所有形容詞の使い方

所有形容詞は冠詞とともに用いますが、親族名称の単数形の前に loro 以外の所有形容詞がつく場合は無冠詞となります。

mio padre, mia madre, i miei genitori, mio fratello, mia sorella, i miei fratelli
il loro padre, la loro madre

◆所有形容詞の3人称単数

suo, sua suoi, sue は敬称でも用います（s を大文字にする場合もあります）。

il Suo indirizzo　あなたのご住所

◆不規則変化動詞の語尾

-are, -ere, -ire 以外に、-rre（condurre, porre, trarre など）があります。Cf. イタリア語動詞活用表

Lezione 7 Mi puoi accompagnare?

◆補語人称代名詞の3人称単数

la は敬称でも用います（l を大文字にする場合もあります）。

◆補語人称代名詞の位置

【通常】 動詞の活用形の直前	Conosci **Claudio**? ― Sì, **lo** conosco.（=Sì, conosco Claudio） クラウディオのこと、知ってる？ ― うん、彼を知ってるよ。
【動詞が原形（不定詞）の場合】 語尾に結合	Non abbiamo più **le uova**. Vado a comprar**le**. もう卵がない。それを買いに行ってくるよ。
【補助動詞を使用する場合】 補助動詞の前／ 不定詞の語尾に結合	**Mi** puoi accompagnare? / Puoi accompagnar**mi**? 私を連れて行ってくれる？
【否定文の場合】 （主語）＋ non ＋ 代名詞 ＋ 動詞	Io non **lo** voglio. 私はそれを望まない。

◆直説法と条件法

volere の直説法現在1人称単数形（voglio）は、願望をストレートに伝えます。かなり強めの意志を示すため、実際の会話では条件法現在（vorrei）がよく使われます。Cf. 条件法単純形（婉曲）

Voglio andare in Giappone.　日本に行きたい。

Vorrei andare in Giappone.　日本に行きたいのですが。

◆つなぎの言葉

まず	その後	そしてそれから	最後に
prima	dopo	e poi	infine

Lezione 8　Mi piace molto questo vino!

◆程度と頻度の副詞（句）

程度		頻度	
troppo	あまりにも	sempre	いつも（常に）
molto, tanto	非常に、とても	di solito, normalmente	いつも（普段）
parecchio	かなり、相当	quasi sempre	ほとんどいつも
abbastanza	相当、まぁまぁ	spesso	しばしば
un po'	やや、少し	qualche volta, ogni tanto	時々
poco	ほとんど～ない	raramente	稀に
niente	全く～ない	(non...) quasi mai	ほとんど～しない
male / male	上手く・うまく～ない	(non...) mai	全く～しない

・副詞は、語尾が変化しません（常に molto, tanto）。

・頻度や程度の副詞は、動詞を修飾する時、原則として動詞の直後に置きます。
（程度の副詞は、形容詞を修飾する時、形容詞の前に置きます。ex. Sono molto buoni.）

・un poco は un po' という省略した形でよく使います。

◆形容詞から作る副詞

形容詞の語尾に -mente（「～の精神で」の意）をつけると副詞になります。

① -o / -a タイプ	-amente	raro → raramente
② -e タイプ	-emente	veloce → velocemente
-le, -re	-lmente, -rmente	normale → normalmente

◆曜日

月	火	水	木	金	土	日
lunedì	martedì	mercoledì	giovedì	venerdì	sabato	domenica

【予定】曜日名を無冠詞で使うと、「今度の○曜日に」という意味になります。

Vado a teatro **martedì**.　今度の火曜日に劇場に行く。

【習慣】曜日名に定冠詞をつけて使うと、「毎週○曜日に」という意味になります。

Vado in biblioteca **il martedì**.　毎週火曜日に図書館に行く。

◆時間帯

朝（午前）	午後	夕方〜夜	夜中
la mattina	il pomeriggio	la sera	la notte

alle sette di mattina　朝の7時に　　le otto di sera　夜の8時

Lezione 9 Dove si trova il mercato?

◆数量表現

名詞の前に置いて数量を表す表現です。

数詞（2以上）	due, tre...	1のときは不定冠詞を使う
部分冠詞	del / della (dello / dell') dei / delle (degli)	単数のときは不特定な量 複数のときは不特定な数（不定冠詞の複数）
不定形容詞	poco, tanto. molto, alcuno...	語尾は名詞に対して性数一致
単位等	un etto di, un chilo di, una fetta di, una bottiglia di, un bicchiere di, un cucchiaio di, un po' di, un milione di...	

・100万以上の数については、数詞ではなく、単位として un milione di のような形を使用します。

◆時の単位

分	時	日	週	年	世紀
minuto	ora	giorno	settimana	anno	secolo

◆数詞（2）

40	quaranta	200	duecento	10.000	diecimila
50	cinquanta	300	trecento	15.000	quindicimila
60	sessanta	400	quattrocento	20.000	ventimila
70	settanta	500	cinquecento	100.000	centomila
80	ottanta	1.000	mille	1.000.000	un milione
90	novanta	2.000	duemila	2.000.000	due milioni
100	cento	3.000	tremila	1.000.000.000	un miliardo

1999 millenovecentonovantanove　　2023 duemilaventitré

◆結合形代名詞（1）間接目的補語 + 直接目的補語／代名小詞 ne

		間接目的							
		mi	ti	gli / le	si	ci	vi	gli	si
直接目的／代名小詞	lo	me lo	te lo	glielo	se lo	ce lo	ve lo	glielo	se lo
	la	me la	te la	gliela	se la	ce la	ve la	gliela	se la
	li	me li	te li	glieli	se li	ce li	ve li	glieli	se li
	le	me le	te le	gliele	se le	ce le	ve le	gliele	se le
	ne	me ne	te ne	gliene	se ne	ce ne	ve ne	gliene	se ne

・間接目的を前に置き、語尾の母音字 i を e にします。
・3人称の gli / le はいずれも glie- という形になり、直接目的の代名詞と結合して一語になります。

◆結合形代名詞（2）直接目的補語 ＋ 場所の ci

	直接目的									
	mi	ti	lo	la	ci	vi	li	le	si	ne
ci	mi ci	ti ci	ce lo	ce la	-	vi ci	ce li	ce le	ci si	ce ne

Lezione 10 Ho visitato il Palazzo Reale.

◆不規則な過去分詞

不定詞	過去分詞	不定詞	過去分詞	不定詞	過去分詞
correggere	corretto	**piangere**	pianto	**rispondere**	risposto
correre	corso	**perdere**	perso	**succedere**	successo
nascondere	nascosto	**porre**	posto	**tradurre**	tradotto
offrire	offerto	**ridere**	riso	**vivere**	vissuto

・要注意タイプ：conoscere-conosciuto, piacere-piaciuto（これらは「不規則」ではない）

◆時の副詞（前置詞句）

ieri, oggi, domani	昨日、今日、明日	**da ＋ 名詞、期間、年号**	～以来（～している）
fra ＋ 期間	今から～後に（～する）	**fino a ＋ 名詞／時刻**	～まで（する、した）
期間 ＋ fa	今から～前に（～した）	**durante ＋ 名詞**	～の間、～が続く間
prima di ＋ 名詞／不定詞	～の前に、～する前に	**dopo ＋ 名詞**	～の後で

・時の副詞は、文中のどこに置いても構いません。
・prima, dopo の後ろに文がくるときは、prima che, dopo che となります。

◆直接目的補語と過去分詞の性数一致

文中で直接目的補語代名詞 lo / la / li / le の後に過去分詞がある時、過去分詞の語尾は直前の代名詞に性数一致します。また、lo / la は助動詞 avere の前で l' となります。

Avete finito il lavoro? — Sì, **l'**abbiamo già finit**o**. 君たち仕事終わったの？ ―うん、もう終わったよ。
Avete finito la lezone？ — Sì, **l'**abbiamo finit**a**. 君たち授業終わったの？ ―うん、もう終わったよ。
Avete finito i compiti? — Sì, **li** abbiamo già finit**i**. 君たち宿題終わったの？ ―うん、もう終わったよ。

Lezione 11 Il treno è arrivato in ritardo...

◆複合形 ＋ mai, già, ancora

mai	過去に一度は（～ある）	Sei mai stato in Italia?　イタリアに行ったことある？
(non...) mai	過去に一度も（～ない）	No, non ci sono mai stato.　いや、行ったことないんだ。
già	もう、すでに	Sì, ci sono già stato tante volte.　もう何回も行ったことあるよ。
(non...) ancora	まだ（～ない）	No, non ci sono ancora stato.　まだ行ったことないんだよね。

・これらの副詞を複合形で使うとき、「助動詞＋副詞＋過去分詞」の順になります。

◆補助動詞を用いた複合形

補助動詞を用いて複合形を作る場合、本動詞に応じて助動詞の種類が決まります。

Ho dovuto studiare molto per l'esame.　私はその試験のために、猛勉強しなければならなかった。

Sono dovuta andare dal medico.　私は医者に行かなければならなかった。

◆前置詞の使い分け（3）時の前置詞句

時刻	a	alle 10　10時に　　a mezzogiorno　正午に
月、年号、世紀	in / nel	in luglio　7月に　　nel 2022　2022年に　　nel XXI secolo　21世紀に
期間、祝祭	per	per una settimana　1週間　　per Natale　クリスマスに

・月の前では、a が使われることもあります。　a luglio　7月に

・年号のついた日付には、前置詞をつけません。　il 17 marzo 1861　1861年3月17日に

・期間の per は、省略されることもあります。　Ci sono stata una settimana.　私はそこに1週間滞在した。

・祝祭については、a が使われることもあります。　a Natale　クリスマスに

Lezione 12 Era molto affascinante!

◆強調否定

non... nessuno	誰も～ない	non... affatto	まったく～ない
non... niente	何も～ない	non... mai	決して～しない

・nessuno, niente が動詞の前に出ると non は使いません。

Non c'era nessuno in aula. = Nessuno c'era in aula.　教室には誰もいなかった。

◆関係代名詞

前置詞なし	前置詞あり
che	cui

・前置詞付きの cui のうち、a cui は a を省略した cui の形でも使われます。

◆所有の cui

定冠詞と名詞の間に置かれた cui は、「所有」を意味します。

Il ragazzo, **i cui genitori** lavorano con me, uscirà con Anna.
両親が私の同僚であるその少年は、アンナと出かけるだろう。

◆関係代名詞 quale

che と cui は語尾が変化しないのに対し、quale は語尾が変化します。さらに定冠詞をつけることで、先行詞の性数に一致する形になります。

前置詞なし	前置詞あり
che	cui
= il quale, la quale, i quali, le quali	= il quale, la quale, i quali, le quali

Ho un amico **il quale** abita a Roma.　私にはローマに住んでいる友人がいます。
Non so la ragione **per la quale** non è venuto.　私は彼が来なかった理由を知らない。
Gli amici **con i quali** esco spesso sono stranieri.　私がよく一緒に出かける友だちはイタリア人だ。

一部の冠詞前置詞を作る前置詞がつく場合は、結合した形になります。

Questo è un film **del quale** parla spesso.　これは彼がよく話している映画です。
[di cui = del quale / della quale / dei quali / delle quali]

◆関係代名詞 chi

先行詞を含む関係代名詞で、「〜する人は」という意味になります。動詞は3人称単数形を使います。

Chi vuole iscriversi all'università deve presentarsi alla segreteria.
大学の入学手続きをしたい人は、事務局に出向く必要があります。
L'ufficio è aperto fino alle 12 per **chi** ha bisogno di informazioni.
情報が必要な人のために、事務局は12時まで開いています。

◆関係副詞 dove

場所を表す関係副詞で、in cui で言い換えることができます。

Questo è l'ufficio **dove** lavoravo.（=Questo è l'ufficio **in cui** lavoravo.）
これは私が働いていたオフィスです。

◆時を表す接続詞 quando / mentre

・どちらも主節との同時性を表す従属節を導きます。【quando ＋ できごと】で「〜したとき」、【mentre ＋ 継続中の動作・一時的な状況】で「〜しながら」という意味です。

◆補助動詞を用いた半過去

実現しなかった過去を表す場合があります。

Doverano tornare subito.　彼らはすぐに帰らないといけなかったのに（実際は帰らなかった）。

◆数詞（3）

11以上の序数詞を作るときは、語尾に -esimo をつけます。

XI	undicesimo	XVI	sedicesimo
XII	dodicesimo	XVII	diciassettesimo
XIII	tredicesimo	XVIII	diciottesimo
XIV	quattordicesimo	XIX	diciannovesimo
XV	quindicesimo	XX	ventesimo

XXI secolo（ventunesimo secolo）　21世紀

イタリア語動詞活用表

1 essere
2 avere
3 abitare
4 amare
5 cominciare
6 inviare
7 mangiare
8 studiare
9 cercare
10 dimenticare
11 pagare
12 andare
13 dare
14 fare
15 stare
16 alzarsi
17 andarsene
18 chiedere
19 chiudere
20 conoscere
21 correre
22 leggere
23 nascere
24 mettere
25 piacere
26 prendere
27 rendere
28 ridere
29 sapere
30 scrivere
31 vedere
32 vivere
33 bere
34 rimanere
35 tenere
36 piovere
37 dovere
38 potere
39 volere
40 aprire
41 dormire
42 finire
43 dire
44 morire
45 salire
46 uscire
47 venire
48 condurre
49 proporre
50 trarre

不定詞 過去分詞 ジェルンディオ	直説法		
	現在	半過去	未来
1 **essere** 〜である、〜にいる **stato** essendo	**sono** **sei** **è** **siamo** **siete** **sono**	**ero** eri era eravamo eravate erano	**sarò** sarai sarà saremo sarete saranno
2 **avere** 持つ avuto avendo	**ho** **hai** **ha** **abbiamo** avete **hanno**	avevo avevi aveva avevamo avevate avevano	**avrò** avrai avrà avremo avrete avranno
3 **abitare** 住む abitato abitando	abito abiti abita abitiamo abitate abitano	abitavo abitavi abitava abitavamo abitavate abitavano	abiterò abiterai abiterà abiteremo abiterete abiteranno
4 **amare** 愛する amato amando	amo ami ama amiamo amate amano	amavo amavi amava amavamo amavate amavano	amerò amerai amerà ameremo amerete ameranno
5 **cominciare** 始める **cominciato** cominciando	comincio comin**ci** comincia comin**ci**amo cominciate cominciano	cominciavo cominciavi cominciava cominciavamo cominciavate cominciavano	comin**ce**rò comin**ce**rai comin**ce**rà comin**ce**remo comin**ce**rete comin**ce**ranno
6 **inviare** 送る **inviato** inviando	invio **invii** invia inviamo inviate inviano	inviavo inviavi inviava inviavamo inviavate inviavano	invierò invierai invierà invieremo invierete invieranno
7 **mangiare** 食べる mangiato mangiando	mangio man**gi** mangia man**gi**amo mangiate mangiano	mangiavo mangiavi mangiava mangiavamo mangiavate mangiavano	man**ge**rò man**ge**rai man**ge**rà man**ge**remo man**ge**rete man**ge**ranno
8 **studiare** 勉強する、学ぶ studiato studiando	studio studi studia studiamo studiate studiano	studiavo studiavi studiava studiavamo studiavate studiavano	studierò studierai studierà studieremo studierete studieranno

直説法	接続法		条件法	命令法
遠過去	現在	半過去	現在	現在
fui	**sia**	**fossi**	**sarei**	——
fosti	sia	fossi	saresti	**sii**
fu	sia	fossi	sarebbe	**sia**
fummo	siamo	fossimo	saremmo	**siamo**
foste	siate	foste	sareste	**siate**
furono	siano	fossero	sarebbero	**siano**
ebbi	**abbia**	avessi	**avrei**	——
avesti	abbia	avessi	avresti	**abbi**
ebbe	abbia	avesse	avrebbe	**abbia**
avemmo	abbiamo	avessimo	avremmo	**abbiamo**
aveste	abbiate	aveste	avreste	**abbiate**
ebbero	abbiano	avessero	avrebbero	**abbiano**
abitai	abiti	abitassi	abiterei	——
abitasti	abiti	abitassi	abiteresti	abita
abitò	abiti	abitasse	abiterebbe	abiti
abitammo	abitiamo	abitassimo	abiteremmo	abitiamo
abitaste	abitiate	abitaste	abitereste	abitate
abitarono	abitino	abitassero	abiterebbero	abitino
amai	ami	amassi	amerei	——
amasti	ami	amassi	ameresti	ama
amò	ami	amasse	amerebbe	ami
amammo	amiamo	amassimo	ameremmo	amiamo
amaste	amiate	amaste	amereste	amate
amarono	amino	amassero	amerebbero	amino
cominciai	comin**ci**	cominciassi	comin**ce**rei	——
cominciasti	comin**ci**	cominciassi	comin**ce**resti	comincia
cominciò	comin**ci**	cominciasse	comin**ce**rebbe	comin**ci**
cominciammo	comin**cia**mo	cominciassimo	comin**ce**remmo	comin**cia**mo
cominciaste	comin**cia**te	cominciaste	comin**ce**reste	cominciate
cominciarono	comin**ci**no	cominciassero	comin**ce**rebbero	comin**ci**no
inviai	**invii**	inviassi	invierei	——
inviasti	**invii**	inviassi	invieresti	invia
inviò	**invii**	inviasse	invierebbe	**invii**
inviammo	inviamo	inviassimo	invieremmo	inviamo
inviaste	inviate	inviaste	inviereste	inviate
inviarono	**inviino**	inviassero	invierebbero	**inviino**
mangiai	man**gi**	mangiassi	man**ge**rei	——
mangiasti	man**gi**	mangiassi	man**ge**resti	mangia
mangiò	man**gi**	mangiasse	man**ge**rebbe	man**gi**
mangiammo	man**gi**amo	mangiassimo	man**ge**remmo	man**gi**amo
mangiaste	man**gi**ate	mangiaste	man**ge**reste	mangiate
mangiarono	man**gi**no	mangiassero	man**ge**rebbero	man**gi**no
studiai	studi	studiassi	studierei	——
studiasti	studi	studiassi	studieresti	studia
studiò	studi	studiasse	studierebbe	studi
studiammo	studiamo	studiassimo	studieremmo	studiamo
studiaste	studiate	studiaste	studiereste	studiate
studiarono	studino	studiassero	studierebbero	studino

不定詞 過去分詞 ジェルンディオ	直説法		
	現在	半過去	未来
9	cerco	cercavo	cer**che**rò
cercare	cer**chi**	cercavi	cer**che**rai
探す	cerca	cercava	cer**che**rà
	cer**chi**amo	cercavamo	cer**che**remo
cercato	cercate	cercavate	cer**che**rete
cercando	cercano	cercavano	cer**che**ranno
10	dimentico	dimenticavo	dimenti**che**rò
dimenticare	dimenti**chi**	dimenticavi	dimenti**che**rai
忘れる	dimentica	dimenticava	dimenti**che**rà
	dimenti**chi**amo	dimenticavamo	dimenti**che**remo
dimenticato	dimenticate	dimenticavate	dimenti**che**rete
dimenticando	dimenticano	dimenticavano	dimenti**che**ranno
11	pago	pagavo	pa**ghe**rò
pagare	pa**ghi**	pagavi	pa**ghe**rai
払う、支払う	paga	pagava	pa**ghe**rà
	pa**ghi**amo	pagavamo	pa**ghe**remo
pagato	pagate	pagavate	pa**ghe**rete
pagando	pagano	pagavano	pa**ghe**ranno
12	**vado**	andavo	**andrò**
andare	**vai**	andavi	andrai
行く	**va**	andava	andrà
	andiamo	andavamo	andremo
andato	andate	andavate	andrete
andando	**vanno**	andavano	andranno
13	do	davo	darò
dare	**dai**	davi	darai
与える	**dà**	dava	darà
	diamo	davamo	daremo
dato	date	davate	darete
dando	**danno**	davano	daranno
14	**faccio**	**facevo**	farò
fare	**fai**	facevi	farai
する、行う	fa	faceva	farà
	facciamo	facevamo	faremo
fatto	fate	facevate	farete
facendo	**fanno**	facevano	faranno
15	sto	stavo	starò
stare	**stai**	stavi	starai
ある、〜のままでいる	sta	stava	starà
	stiamo	stavamo	staremo
stato	state	stavate	starete
stando	**stanno**	stavano	staranno
16	mi alzo	mi alz**a**vo	mi alzer**ò**
alzarsi	ti alzi	ti alz**a**vi	ti alzer**ai**
起き上がる	si alza	si alz**a**va	si alzer**à**
	ci alzi**a**mo	ci alzav**a**mo	ci alzer**e**mo
alzatosi	vi alz**a**te	vi alzav**a**te	vi alzer**e**te
alzandosi	si alzano	si alz**a**vano	si alzer**a**nno

直説法	接続法		条件法	命令法
遠過去	現在	半過去	現在	現在
cercai cercasti cercò cercammo cercaste cercarono	cer**chi** cer**chi** cer**chi** cer**chi**amo cer**chi**ate cer**chi**no	cercassi cercassi cercasse cercassimo cercaste cercassero	cer**che**rei cer**che**resti cer**che**rebbe cer**che**remmo cer**che**reste cer**che**rebbero	—— cerca cer**chi** cer**chi**amo cercate cer**chi**no
dimenticai dimenticasti dimenticò dimenticammo dimenticaste dimenticarono	dimenti**chi** dimenti**chi** dimenti**chi** dimenti**chi**amo dimenti**chi**ate dimenti**chi**no	dimenticassi dimentidassi dimenticasse dimenticassimo dimenticaste dimenticassero	dimenti**che**rei dimenti**che**resti dimenti**che**rebbe dimenti**che**remmo dimenti**che**reste dimenti**che**rebbero	—— dimentica dimenti**chi** dimenti**chi**amo dimenticate dimenti**chi**no
pagai pagasti pagò pagammo pagaste pagarono	pa**ghi** pa**ghi** pa**ghi** pa**ghi**amo pa**ghi**ate pa**ghi**no	pagassi pagassi pagasse pagassimo pagaste pagassero	pa**ghe**rei pa**ghe**resti pa**ghe**rebbe pa**ghe**remmo pa**ghe**reste pa**ghe**rebbero	—— paga pa**ghi** pa**ghi**amo pagate pa**ghi**no
andai andasti andò andammo andaste andarono	**vada** **vada** **vada** andiamo andiate **vadano**	andassi andassi andasse andassimo andaste andassero	**andrei** andresti andrebbe andremmo andreste andrebbero	—— **va' / vai** **vada** andiamo andate **vadano**
diedi / detti **desti** **diede** / dette **demmo** **deste** **diedero** / dettero	**dia** dia dia diamo diate diano	**dessi** dessi desse dessimo deste dessero	darei daresti darebbe daremmo dareste darebbero	—— **da' / dai** **dia** diamo date **diano**
feci **fecesti** **fece** **facemmo** **faceste** **fecero**	**faccia** faccia faccia facciamo facciate facciano	**facessi** facessi facesse facessimo faceste facessero	farei faresiti farebbe faremmo fareste farebbero	—— **fa' / fai** **faccia** **facciamo** fate **facciano**
stetti **stesti** **stette** **stemmo** **steste** **stettero**	**stia** stia stia stiamo stiate stiano	**stessi** stessi stesse stessimo steste stessero	starei staresti starebbe staremmo stareste starebbero	—— **sta' / stai** **stia** stiamo state **stiano**
mi alz**ai** ti alz**asti** si alz**ò** ci alz**ammo** vi alz**aste** si alz**arono**	mi alzi ti alzi si alzi ci alziamo vi alziate si alzino	mi alz**assi** ti alz**assi** si alz**asse** ci alz**assimo** vi alz**aste** si alz**assero**	mi alzer**ei** ti alzer**esti** si alzer**ebbe** ci alzer**emmo** vi alzer**este** si alzer**ebbero**	—— alzati si alzi alziamoci alzatevi si alzino

不定詞 過去分詞 ジェルンディオ	直説法		
	現在	半過去	未来
17 **andarsene** 立ち去る andatosene andandosene	me ne vado te ne vai se ne va ce ne andiamo ve ne andate se ne vanno	me ne andavo te ne andavi se ne andava ci ne andavamo ve ne andavate se ne andavano	me ne **andrò** te ne andrai se ne andrà ce ne andremo ve ne andrete se ne andranno
18 **chiedere** 求める、頼む **chiesto** chiedendo	chiedo chiedi chiede chiediamo chiedete chiedono	chiedevo chiedevi chiedeva chiedevamo chiedevate chiedevano	chiederò chiederai chiederà chiederemo chiederete chiederanno
19 **chiudere** 閉める **chiuso** chiudendo	chiudo chiudi chiude chiudiamo chiudete chiudono	chiudevo chiudevi chiudeva chiudevamo chiudevate chiudevano	chiuderò chiuderai chiuderà chiuderemo chiuderete chiuderanno
20 **conoscere** 知る、知っている conosc**iuto** conoscendo	conosco conosci conosce conosciamo conoscete conoscono	conoscevo conoscevi conosceva conoscevamo conoscevate conoscevano	conoscerò conoscerai conoscerà conosceremo conoscerete conosceranno
21 **correre** 走る **corso** correndo	corro corri corre corriamo corriete corrono	correvo correvi correva correvamo correvate correvano	correrò correrai correrà correremo correrete correranno
22 **leggere** 読む **letto** leggendo	leggo leggi legge leggiamo leggete leggono	leggevo leggevi leggeva leggevamo leggevate leggevano	leggerò leggerai leggerà leggeremo leggerete leggeranno
23 **nascere** 生まれる **nato** nascendo	nasco nasci nasce nasciamo nascete nascono	nascevo nascevi nasceva nascevamo nascevate nascevano	nascerò nascerai nascerà nasceremo nascerete nasceranno
24 **mettere** 置く、入れる **messo** mettendo	metto metti mette mettiamo mettete mettono	mettevo mettevi metteva mettevamo mettevate mettevano	metterò metterai metterà mmetteremo metterete metteranno

直説法	接続法		条件法	命令法
遠過去	現在	半過去	現在	現在
me ne andai	me ne **vada**	me ne andassi	me ne **andrei**	——
te ne andasti	te ne **vada**	te ne andassi	te ne andresti	**vattene**
se ne andò	se ne **vada**	se ne andasse	se ne andrebbe	**se ne vada**
ce ne andammo	ce ne andiamo	ce ne andassimo	ce ne andremmo	andiamocene
ve ne andaste	ve ne andiate	ve ne andaste	ve ne andreste	andatevene
se ne andarono	se ne **vadano**	se ne andassero	se ne andrebbero	**se ne vadano**
chiesi	chieda	chiedessi	chiederei	——
chiedesti	chieda	chiedessi	chiederesti	chiedi
chiese	chieda	chiedesse	chiederebbe	chieda
chiedemmo	chiediamo	chiedessimo	chiederemmo	chiediamo
chiedeste	chiediate	chiedeste	chiedereste	chiedete
chiesero	chiedano	chiedessero	chiederebbero	chiedano
chiusi	chiuda	chiudessi	chiuderei	——
chiudesti	chiuda	chiudessi	chiuderesti	chiudi
chiuse	chiuda	chiudesse	chiuderebbe	chiuda
chiudemmo	chiudiamo	chiudessimo	chiuderemmo	chiudiamo
chiudeste	chiudiate	chiudeste	chiudereste	chiudete
chiusero	chiudano	chiudessero	chiudrebbero	chiudano
conobbi	conosca	conoscessi	conoscerei	——
conoscesti	conosca	conoscessi	conosceresti	conosci
conobbe	conosca	conoscesse	conoscerebbe	conosca
conoscemmo	conosciamo	conoscessimo	conosceremmo	conosciamo
sonosceste	conosciate	conosceste	conoscereste	conoscete
conobbero	conoscano	conoscessero	conoscerebbero	conoscano
corsi	corra	corressi	correrei	——
corresti	corra	corressi	correresti	corri
corse	corra	corresse	correrebbe	corra
corremmo	corriamo	corressimo	correremmo	corriamo
correste	corriate	correste	correreste	correte
corsero	corrano	corressero	correrebbero	corrano
lessi	legga	leggessi	leggerei	——
leggesti	legga	leggessi	leggeresti	leggi
lesse	legga	leggesse	leggerebbe	legga
leggemmo	leggiamo	leggessimo	leggeremmo	leggiamo
leggeste	leggiate	leggeste	leggereste	leggete
lessero	leggano	leggessero	leggerebbero	leggano
nacqui	nasca	nascessi	nascerei	——
nascesti	nasca	nascessi	nasceresti	nasci
nacque	nasca	nascesse	nascerebbe	nasca
nascemmo	nasciamo	nascessimo	nasceremmo	nasciamo
nasceste	nasciate	nasceste	nascereste	nascete
nacquero	nascano	nascessero	nascerebbero	nascano
misi	metta	mettessi	metterei	——
mettesti	metta	mettessi	metteresti	metti
mise	metta	mettesse	metterebbe	metta
mettemmo	mettiamo	mettessimo	metteremmo	mettiamo
metteste	mettiate	metteste	mettereste	mettete
misero	mettano	mettessero	metterebbero	mettano

不定詞 過去分詞 ジェルンディオ	直説法		
	現在	半過去	未来
25 **piacere** 〜に気に入られる piaciuto piacendo	pia**cc**io piaci piace pia**cc**iamo piacete pia**cc**iono	piacevo piacevi piaceva piacevamo piacevate piacevano	piacerò piacerai piacerà piaceremo piacerete piaceranno
26 **prendere** 取る、つかむ **preso** prendendo	prendo pendi prende prendiamo prendete prendono	prendevo prendevi prendeva prendevamo prendevate prendevano	prenderò prenderai prenderà prenderemo prenderete prenderanno
27 **rendere** 返す、元に戻す **reso** rendendo	rendo rendi rende rendiamo rendete rendono	rendevo rendevi rendeva rendevamo rendevate rendevano	renderò renderai renderà renderemo renderete renderanno
28 **ridere** 笑う **riso** ridendo	rido ridi ride ridiamo ridete ridono	ridevo ridevi rideva ridevamo ridevate ridevano	riderò riderai riderà rideremo riderete rideranno
29 **sapere** 知る、知っている saputo sapendo	**so** **sai** **sa** sappiamo sapete **sanno**	sapevo sapevi sapeva sapevamo sapevate sapevano	saprò saprai saprà sapremo saprete sapranno
30 **scrivere** 書く **scritto** scrivendo	scrivo scrivi scrive scriviamo scrivete scrivono	scrivevo scrivevi scriveva scrivevamo scrivevate scrivevano	scriverò scriverai scriverà scriveremo scriverete scriveranno
31 **vedere** 見る、会う **visto**/veduto vedendo	vedo vedi vede vediamo vedete vedono	vedevo vedevi vedeva vedevamo vedevate vedevano	**vedrò** vedrai vedrà vedremo vedrete vedranno
32 **vivere** 生きる、生活する **vissuto** vivendo	vivo vivi vive viviamo vivete vivono	vivevo vivevi viveva vivevamo vivevate vivevano	**vivrò** vivrai vivrà vivremo vivrete vivranno

直説法	接続法		条件法	命令法
遠過去	現在	半過去	現在	現在
piacqui	pia**cc**ia	piacessi	piacerei	——
piacesti	pia**cc**ia	piacessi	piaceresti	piaci
piacque	pia**cc**ia	piacesse	piacerebbe	pia**cc**ia
piacemmo	pia**cc**iamo	piacessimo	piaceremmo	piacciamo
piaceste	pia**cc**iate	piacete	piacereste	piacete
piacquero	pia**cc**iano	piacessero	piacerebbero	piacciano
presi	prenda	prendessi	prenderei	——
prendesti	prenda	prendessi	prenderesti	prendi
prese	prenda	prendesse	prenderebbe	prenda
prendemmo	prendiamo	prendessimo	prenderemmo	prendiamo
prendeste	prendiate	prendeste	prendereste	prendete
presero	prendano	prendessero	prenderebbero	prendano
resi	renda	rendessi	renderei	——
rendesti	renda	rendessi	renderesti	rendi
rese	renda	rendesse	renderebbe	renda
rendemmo	rendiamo	rendessimo	renderemmo	rendiamo
rendeste	rendiate	rendeste	rendereste	rendete
resero	rendano	rendessero	renderebbero	rendano
risi	rida	ridessi	riderei	——
ridesti	rida	ridessi	rideresti	ridi
rise	rida	ridesse	riderebbe	rida
ridemmo	ridiamo	ridessimo	rideremmo	ridiamo
rideste	ridiate	rideste	ridereste	ridete
risero	ridano	ridessero	riderebbero	ridano
seppi	**sappia**	sapessi	**saprei**	——
sapesti	sappia	sapessi	sapresti	**sappi**
seppe	sappia	sapesse	saprebbe	sappia
sapemmo	sappiamo	sapessimo	sapremmo	sappiamo
sapeste	sappiate	sapeste	sapreste	sappiate
seppero	sappiano	sapessero	saprebbero	sappiano
scrissi	scriva	scrivessi	scriverei	——
scrivesti	scriva	scrivessi	scriveresti	scrivi
scrisse	scriva	scrivesse	scriverebbe	scriva
scrivemmo	scriviamo	scrivessimo	scriveremmo	scriviamo
scriveste	scriviate	scriveste	scrivereste	scrivete
scrissero	scrivano	scrivessero	scriverebbero	scrivano
vidi	veda	vedessi	**vedrei**	——
vedesti	veda	vedessi	vedresti	vedi
vide	veda	vedesse	vedrebbe	veda
vedemmo	vediamo	vedessimo	vedremmo	vediamo
vedeste	vediate	vedeste	vedreste	vedete
videro	vedano	vedessero	vedrebbero	vedano
vissi	viva	vivessi	**vivrei**	——
vivesti	viva	vivessi	vivresti	vivi
visse	viva	vivesse	vivrebbe	viva
vivemmo	viviamo	vivessimo	vivremmo	viviamo
viveste	viviate	viveste	vivreste	vivete
vissero	vivano	vivessero	vivrebbero	vivano

不定詞 過去分詞 ジェルンディオ	直説法		
	現在	半過去	未来
33	**bevo**	**bevevo**	**berrò**
bere	bevi	bevevi	berrai
飲む	beve	beveva	berrà
	beviamo	bevevamo	berremo
bevuto	bevete	bevevate	berrete
bevendo	bevono	bevevano	berranno
34	**rimango**	rimanevo	**rimarrò**
rimanere	rimani	rimanevi	rimarrai
留まる	rimane	rimaneva	rimarrà
	rimaniamo	rimanevamo	rimarremo
rimasto	rimanete	rimanevate	rimarrete
rimanendo	**rimangono**	rimanevano	rimarranno
35	**tengo**	tenevo	**terrò**
tenere	**tieni**	tenevi	terrai
持つ、つかむ	**tiene**	teneva	terrà
	teniamo	tenevamo	terremo
tenuto	tenete	tenevate	terrete
tenendo	**tengono**	tenevano	terranno
36	——	——	——
piovere	——	——	——
雨が降る	piove	pioveva	pioverà
	——	——	——
piovuto	——	——	——
piovendo	piovono	piovevano	pioveranno
37	**devo / debbo**	dovevo	**dovrò**
dovere	**devi**	dovevi	dovrai
～しなければならない	**deve**	doveva	dovrà
	dobbiamo	dovevamo	dovremo
dovuto	dovete	dovevate	dovrete
dovendo	**devono / debbono**	dovevano	dovranno
38	**posso**	potevo	**potrò**
potere	**puoi**	potevi	potrai
～できる	**può**	poteva	potrà
	possiamo	potevamo	potremo
potuto	potete	potevate	potrete
potendo	**possono**	potevano	potranno
39	**voglio**	volevo	**vorrò**
volere	**vuoi**	volevi	vorrai
望む、～がほしい	**vuole**	voleva	vorrà
	vogliamo	volevamo	vorremo
voluto	volete	volevate	vorrete
volendo	**vogliono**	volevano	vorranno
40	apro	aprivo	aprirò
aprire	apri	aprivi	aprirai
あける、開く	apre	apriva	aprirà
	apriamo	aprivamo	apriremo
aperto	aprite	aprivate	aprirete
aprendo	aprono	aprivano	apriranno

直説法	接続法		条件法	命令法
遠過去	現在	半過去	現在	現在
bevvi	**beva**	**bevessi**	**berrei**	——
bevesti	beva	bevessi	berresti	**bevi**
bevve	beva	bevesse	berrebbe	beva
bevemmo	beviamo	bevessimo	berremmo	beviamo
beveste	beviate	beveste	berreste	bevete
bevvero	bevano	bevessero	berrebbero	bevano
rimasi	**rimanga**	rimanessi	**rimarrei**	——
rimanesti	**rimanga**	rimanessi	rimarresti	rimani
rimase	**rimanga**	rimanesse	rimarrebbe	**rimanga**
rimanemmo	rimaniamo	rimanessimo	rimarremmo	rimaniamo
rimaneste	rimaniate	rimaneste	rimarreste	rimanete
rimasero	**rimangano**	rimanessero	rimarrebbero	rimangano
tenni	**tenga**	tenessi	**terrei**	——
tenesti	**tenga**	tenessi	terresti	**tieni**
tenne	**tenga**	tenesse	terrebbe	**tenga**
tenemmo	teniamo	tenessimo	terremmo	teniamo
teneste	teniate	teneste	terreste	tenete
tennero/tenerono	**tengano**	tenessero	terrebbero	**tengano**
——	——	——	——	
——	——	——	——	
piovve	piova	piovesse	pioverebbe	
——	——	——	——	
——	——	——	——	
piovvero	piovano	piovessero	pioverebbero	
dovetti / dovei	**deva / debba**	dovessi	**dovrei**	
dovesti	**deva / debba**	dovessi	dovresti	
dovette / dové	**deva / debba**	dovesse	dovrebbe	
dovemmo	**dobbiamo**	dovessimo	dovremmo	
doveste	**dobbiate**	doveste	dovreste	
dovettero / doverono	**devano / debbano**	dovessero	dovrebbero	
potei	**possa**	potessi	**potrei**	
potesti	possa	potessi	potresti	
poté	possa	potesse	potrebbe	
potemmo	possiamo	potessimo	potremmo	
poteste	possiate	poteste	potreste	
poterono	possano	potessero	potrebbero	
volli	**voglia**	volessi	**vorrei**	——
volesti	voglia	volessi	vorresti	**vogli**
volle	voglia	volesse	vorrebbe	**voglia**
volemmo	vogliamo	volessimo	vorremmo	**vogliamo**
voleste	vogliate	voleste	vorreste	volete
vollero	vogliano	volessero	vorrebbero	**vogliano**
aprii / apersi	apra	aprissi	aprirei	——
apristi	apra	aprissi	apriresti	apri
aprì / aperse	apra	aprisse	aprirebbe	apra
aprimmo	apriamo	aprissimo	apriremmo	apriamo
apriste	apriate	apriste	aprireste	aprite
aprirono / apersero	aprano	aprissero	aprirebbero	aprano

不定詞 過去分詞 ジェルンディオ	直説法		
	現在	半過去	未来
41 **dormire** 眠る、寝る dormito dormendo	dormo dormi dorme dormiamo dormite dormono	dormivo dorimivi dormiva dormivamo dormivate dormivano	dormirò dormirai dormirà dormiremo dormirete dormiranno
42 **finire** 終わる、終える finito finendo	**finisco** **finisci** **finisce** finiamo finite **finiscono**	finivo finivi finiva finivamo finivate finivano	finirò finirai finirà finiremo finirete finiranno
43 **dire** 言う **detto** **dicendo**	**dico** dici dice diciamo **dite** dicono	**dicevo** dicevi diceva dicevamo dicevate dicevano	dirò dirai dirà diremo direte diranno
44 **morire** 死ぬ **morto** morendo	**muoio** **muori** **muore** moriamo morite **muoiono**	morivo morivi moriva morivamo morivate morivano	morirò morirai morirà moriremo morirete moriranno
45 **salire** 上がる、昇る、登る salito salendo	**salgo** sali sale saliamo salite **salgono**	salivo salivi saliva salivamo salivate salivano	salirò salirai salirà saliremo salirete saliranno
46 **uscire** 出る、去る uscito uscendo	**esco** **esci** **esce** usciamo uscite **escono**	uscivo uscivi usciva uscivamo uscivate uscivano	uscirò uscirai uscirà usciremo uscirete usciranno
47 **venire** 来る、着く、起こる **venuto** venendo	**vengo** **vieni** **viene** veniamo venite **vengono**	venivo venivi veniva veniamo venivate venivano	**verrò** verrai verrà verremo verrete verranno
48 **condurre** 連れていく **condotto** conducendo	**conduco** conduci conduce conduciamo conducete conducono	conducevo conducevi conduceva conducevamo conducevate conducevano	**condurrò** condurrai condurrà condurremo condurrete condurranno

直説法	接続法		条件法	命令法
遠過去	現在	半過去	現在	現在
dormii	dorma	dormissi	dormirei	——
dormisti	dorma	dormissi	dormiresti	dormi
dormì	dorma	dormisse	doremirebbe	dorma
dormimmo	dormiamo	dormissimo	dormiremmo	dormiamo
dormiste	dormiate	dormiste	doremireste	dormite
dormirono	dormano	dormissero	dormirebbero	dormano
finii	**finisca**	finissi	finirei	——
finisti	**finisca**	finissi	finiresti	**finisci**
finì	**fnisca**	finisse	finirebbe	**finisca**
finimmo	finiamo	finissimo	finiremmo	finiamo
finiste	finiate	finiste	finireste	finite
finirono	**finiscano**	finissero	finirebbero	**finiscano**
dissi	**dica**	**dicessi**	direi	——
dicesti	dica	dicessi	diresti	**di’**
disse	dica	dicesse	direbbe	**dica**
dicemmo	diciamo	dicessimo	diremmo	**diciamo**
diceste	diciate	diceste	direste	**dite**
dissero	dicano	dicessero	direbbero	**dicano**
morii	**muoia**	morissi	morirei	——
moristi	**muoia**	morissi	moriresti	**muori**
morì	**muoia**	morisse	morirebbe	**muoia**
morimmo	moriamo	morissimo	moriremmo	moriamo
moriste	moriate	moriste	morireste	morite
morirono	**muoiano**	morissero	morirebbero	**muoiano**
salii	**salga**	salissi	salirei	——
salisti	**salga**	salissi	saliresti	sali
salì	**salga**	salisse	salirebbe	**salga**
salimmo	saliamo	salissimo	saliremmo	saliamo
saliste	saliate	saliste	salireste	salite
salirono	**salgano**	salissero	salirebbero	**salgano**
uscii	**esca**	uscissi	uscirei	——
uscisti	**esca**	uscissi	usciresti	**esci**
uscì	**esca**	uscisse	uscirebbe	**esca**
uscimmo	usciamo	uscissimo	usciremmo	usciamo
usciste	usciate	usciste	uscireste	uscite
uscirono	**escano**	uscissero	uscirebbero	**escano**
venni	**venga**	venissi	**verrei**	——
venisti	**venga**	venissi	verresti	**vieni**
venne	**venga**	venisse	verrebbe	**venga**
venimmo	veniamo	venissimo	verremmo	veniamo
veniste	veniate	veniste	verreste	venite
vennero	**vengano**	venissero	verrebbero	**vengano**
condussi	**conduca**	**conducessi**	condurrei	——
conducesti	conduca	conducessi	condurresti	**conduci**
condusse	conduca	conducesse	condurrebbe	conduca
conducemmo	conduciamo	conducessimo	condurremmo	conduciamo
conduceste	conduciate	conduceste	condurreste	conducete
condussero	conducano	conducessero	condurrebbero	conducano

不定詞 過去分詞 ジェルンディオ	直説法		
	現在	半過去	未来
49 **proporre** 提案する、申し出る **proposto** proponendo	**propongo** **proponi** **propone** **proponiamo** **proponete** **propongono**	**proponevo** proponevi proponeva proponevamo proponevate proponevano	**proporrò** proporrai proporrà proporremo proporrete proporranno
50 **trarre** 引っ張る **tratto** traendo	**traggo** trai trae traiamo traete **traggono**	traevo traevi traeva traevamo traevate traevano	**trarrò** trarrai trarrà trarremo trarrete trarranno

直説法	接続法		条件法	命令法
遠過去	現在	半過去	現在	現在
proposi **proponesti** **propose** **proponemmo** **proponeste** **proposero**	**proponga** **proponga** **proponga** **proponiamo** **proponiate** **propongano**	**proponessi** proponessi proponesse proponessimo proponeste proponessero	pro**porrei** proporresti proporrebbe proporremmo proporreste proporrebbero	—— **proponi** **proponga** **proponiamo** **proponete** **propongano**
trassi traesti **trasse** traemmo traeste **trassero**	**tragga** **tragga** **tragga** traiamo traiate **traggano**	traessi traessi traesse traessimo traeste traessero	**trarrei** trarresti trarrebbe trarremmo trarreste trarrebbero	—— trai **tragga** traiamo traete **traggano**

ボナペティート！
ーおいしいイタリア語、めしあがれー

検印
省略

© 2023年1月30日　　第1版発行

著者　有田　豊
中山明子

発行者　小川洋一郎

発行所　株式会社　朝日出版社
〒101-0065 東京都千代田区西神田 3-3-5
電話(03)3239-0271・72（直通）
http://www.asahipress.com/
振替口座　東京　00140-2-46008
明昌堂／図書印刷

乱丁，落丁本はお取り替えいたします
ISBN978-4-255-55319-1 C1087